Gabi Wolf

Das große
Ideen- und
Vorlagenbuch
der
Schmuckelemente

Mit vielen
Schritt-für-Schritt
Anleitungen

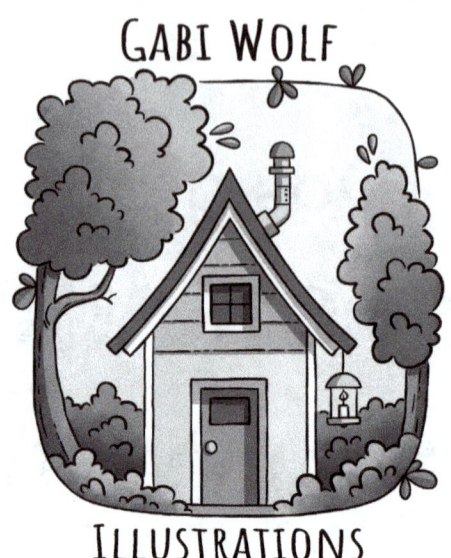

Copyright © 2023 Gabi Wolf, Berlin

Covergestaltung und Illustrationen: Gabi Wolf
Text und Layoutgestaltung: Gabi Wolf
Lektorat: Hauptstadtstudio Freier Lektoren, Berlin
Druck und Bindung: Independently published

ISBN: 979-8374568509
1. Auflage 2023

Alle Rechte vorbehalten.

Alle in diesem Buch veröffentlichen Abbildungen sind urheberrechtlich geschützt und dürfen nur mit ausdrücklicher schriftlicher Genehmigung des Autors gewerblich genutzt werden. Eine Vervielfältigung oder Verbreitung der Inhalte des Buches ist untersagt und wird zivil- und strafrechtlich verfolgt. Das gilt insbesondere für Vervielfältigungen, Übersetzungen, Mikroverfilmungen und die Einspeicherung und Verbreitung in elektronischen Systemen. Der Autor lehnt jegliche Haftung für Schäden jeglicher Art oder Missbrauch dieses Buches ab.

Inhaltsverzeichnis

Einleitung 4

Basiselemente 7
    Linien 8
    Banner 12
    Ecken 16
    Rahmen 20
    Kränze 24
    Pfeile 28
    Sprechblasen 30
    Muster 32

Natur & Jahreszeiten 35
    Pflanzen 36
    Frühling 42
    Sommer 46
    Herbst 50
    Winter 54
    Wetter 58

Familie & Freizeit 61
    Liebe 62
    Spielzeug 64
    Essen & Trinken 66
    Haushalt 70
    Urlaub 74
    Gesundheit 76

Vorlagen 79
    Monate 80
    Wochentage 84
    Planer 86
    Tracker 90
    Checklisten 94
    Rezeptvorlagen 98
    Lesezeichen 100

Index 102

Einleitung

Hallo und herzlich willkommen!

Schön, dass du reinschaust! Denn es bedeutet, dass du zeichnen möchtest. Ich freue mich, wenn ich dich mit diesem Buch ein wenig in die Welt der selbst gezeichneten Einladungen, Planer und Lesezeichen einführen kann. Erst durch die persönliche Gestaltung einer Grußkarte oder eines Kalenders werden sie zu etwas ganz Besonderem. Mit Schmuckelementen kannst du einen Kalender nicht nur verzieren, sondern auch Wörter in den Vordergrund rücken und Stimmungen erzeugen. Sie sind die kleinen Begleiter und das Sahnehäubchen auf der Einladung zur nächsten Party.

Du findest hier über 1500 handgezeichnete Schmuckelemente sowie Vorlagen, die du ganz individuell für deine eigenen Ideen nutzen kannst. Du kannst sie abpausen, nachzeichnen oder dich von ihnen inspirieren lassen und ganz eigene Werke erschaffen. Alles ist möglich, es gibt keine Regeln. Ändere oder kombiniere sie nach deinem persönlichen Geschmack und lass deiner Fantasie freien Lauf.

Zu vielen Themen gibt es Schritt-für-Schritt-Anleitungen. Mit ihnen können auch Anfänger schnell eigene Schmuckelemente zeichnen, Fortgeschrittene und Profis finden eine Fülle von Vorlagen zur Inspiration.

Um die Schritt-für-Schritt-Anleitungen besser zu verstehen, sind vorherige Schritte ausgegraut. Gestrichelte Linien dienen der Orientierung und können am Ende ausradiert werden. Anfängern rate ich, mit einem Bleistift und kariertem Papier zu beginnen. Die Karos helfen, Symmetrien einzuhalten

oder Quadrate zu zeichnen. Später kannst du deine Skizze mit Tinte nachzeichnen oder abpausen. Willst du deine Zeichnung mehrfach verwenden, kannst du sie einscannen und zum Beispiel auf Grußkarten ausdrucken. Natürlich kannst du auch sofort digital zeichnen. Dabei verwendest du am besten mehrere Ebenen: eine für Hilfslinien, eine für deine Skizze und eine für die fertige Zeichnung. Die Ebenen mit der Skizze und den Hilfslinien kannst du später einfach ausblenden oder löschen.

Es ist noch kein Meister vom Himmel gefallen. Richtig! Aber jeder kann ein Meister werden. Dafür ist kein besonderes Talent notwendig, nur Übung. Wichtig ist, dass du Spaß daran hast. Es gibt kein Richtig oder Falsch und es geht auch nicht um Perfektion. Fehler sind erlaubt. Wenn du mit deinem Werk zufrieden bist, ist es vollkommen. Es reicht ein Blatt Papier und ein Bleistift und schon kannst du loslegen. Aber lass dich nicht entmutigen, wenn dir deine ersten Skizzen nicht gefallen. Probiere es einfach weiter. Du wirst schnell merken: Je öfter du übst, desto besser werden deine Zeichnungen.

Nun wünsche ich dir viel Freude beim Durchblättern, Nachzeichnen und Entwickeln eigener Ideen. Und denke immer daran: Dieses Buch dient als Vorlage UND Inspiration. Die Möglichkeiten sind endlos. Sei kreativ! Kombiniere nach Lust und Laune – und vor allen Dingen: Habe Spaß dabei!

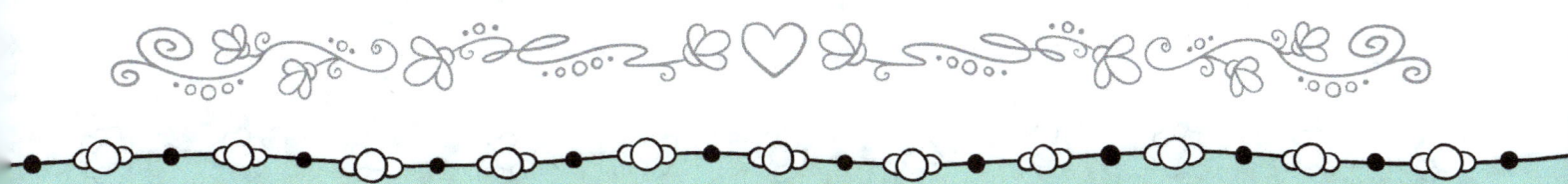

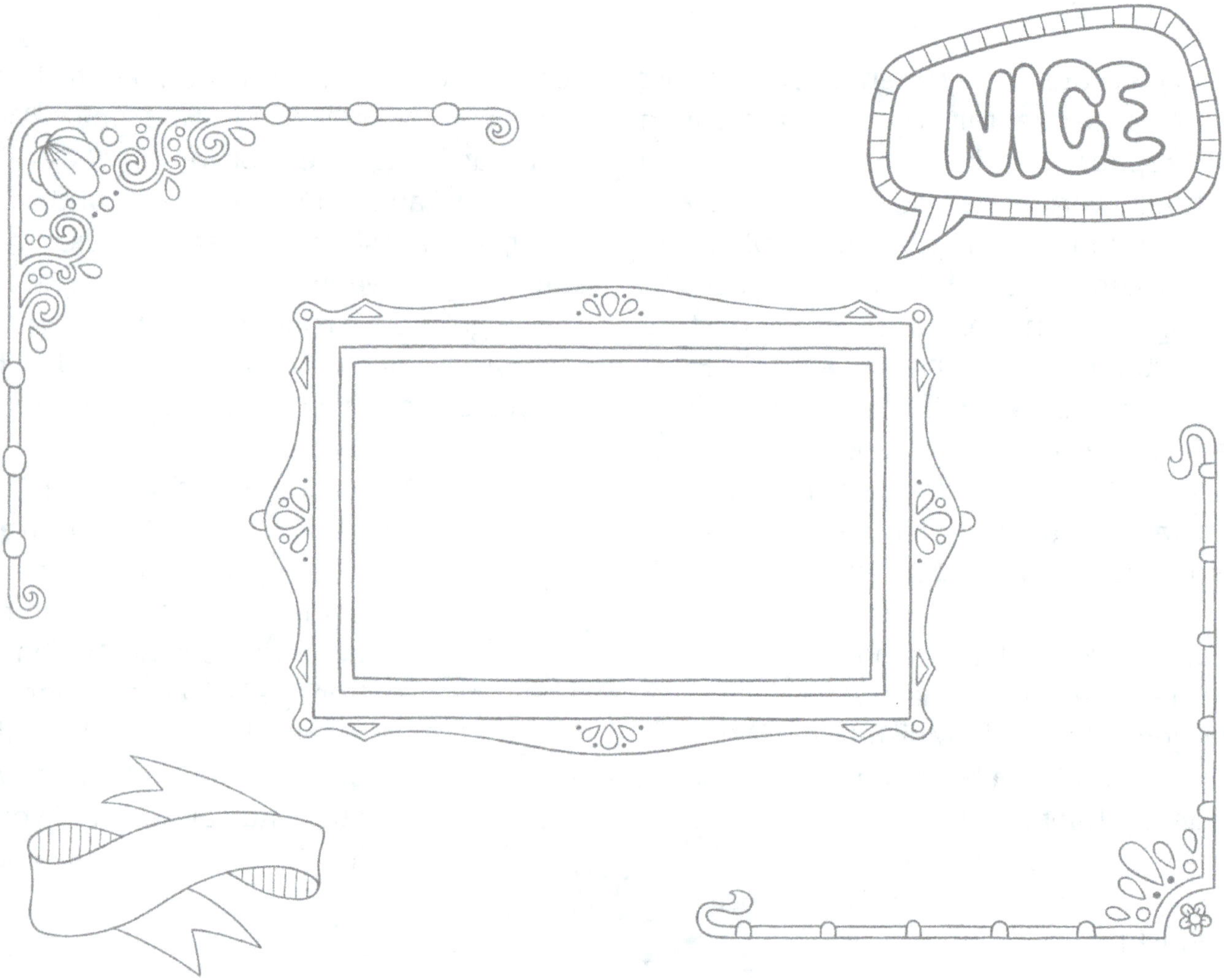

Basiselemente

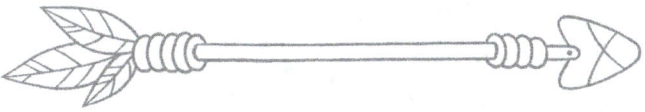

Linien

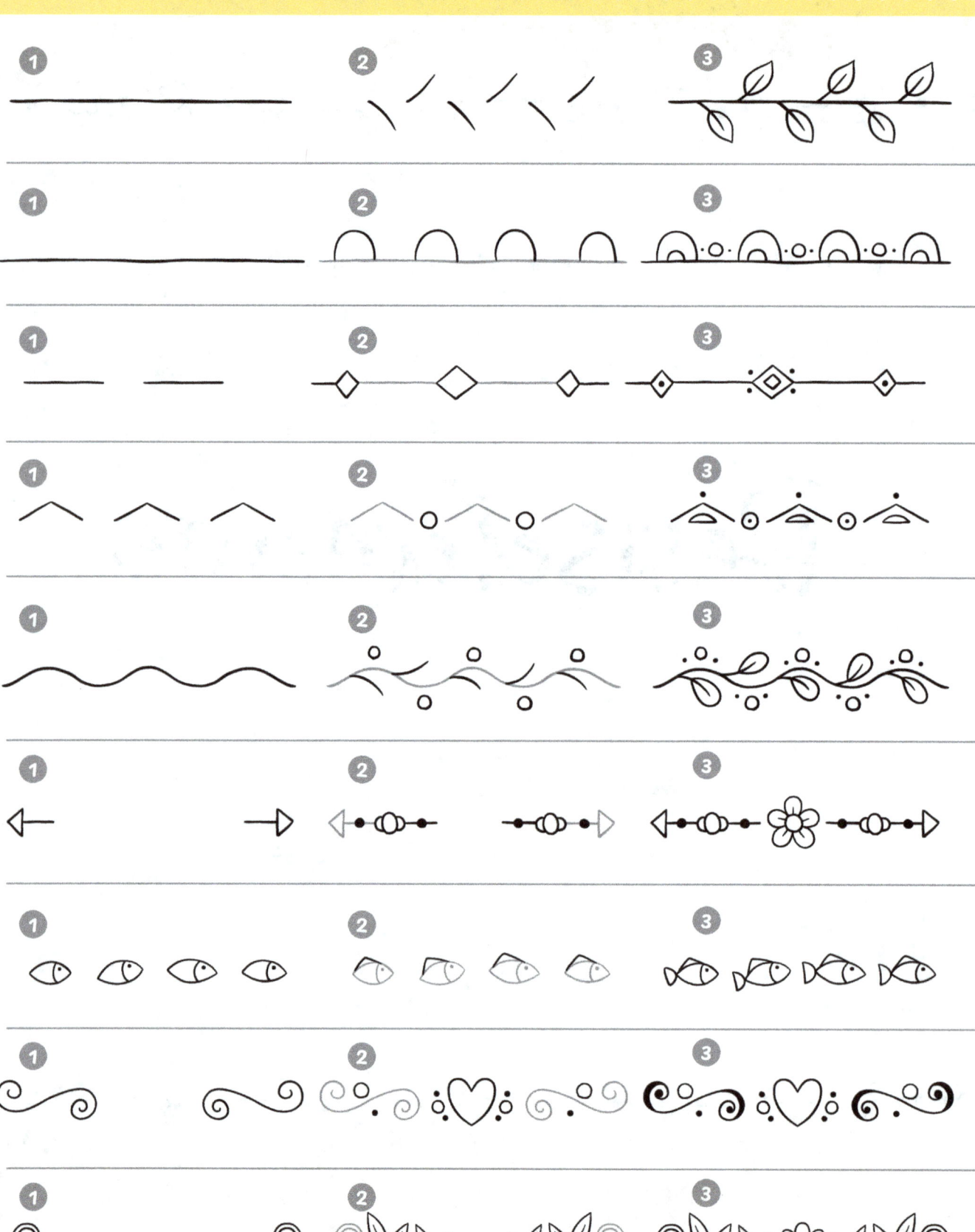

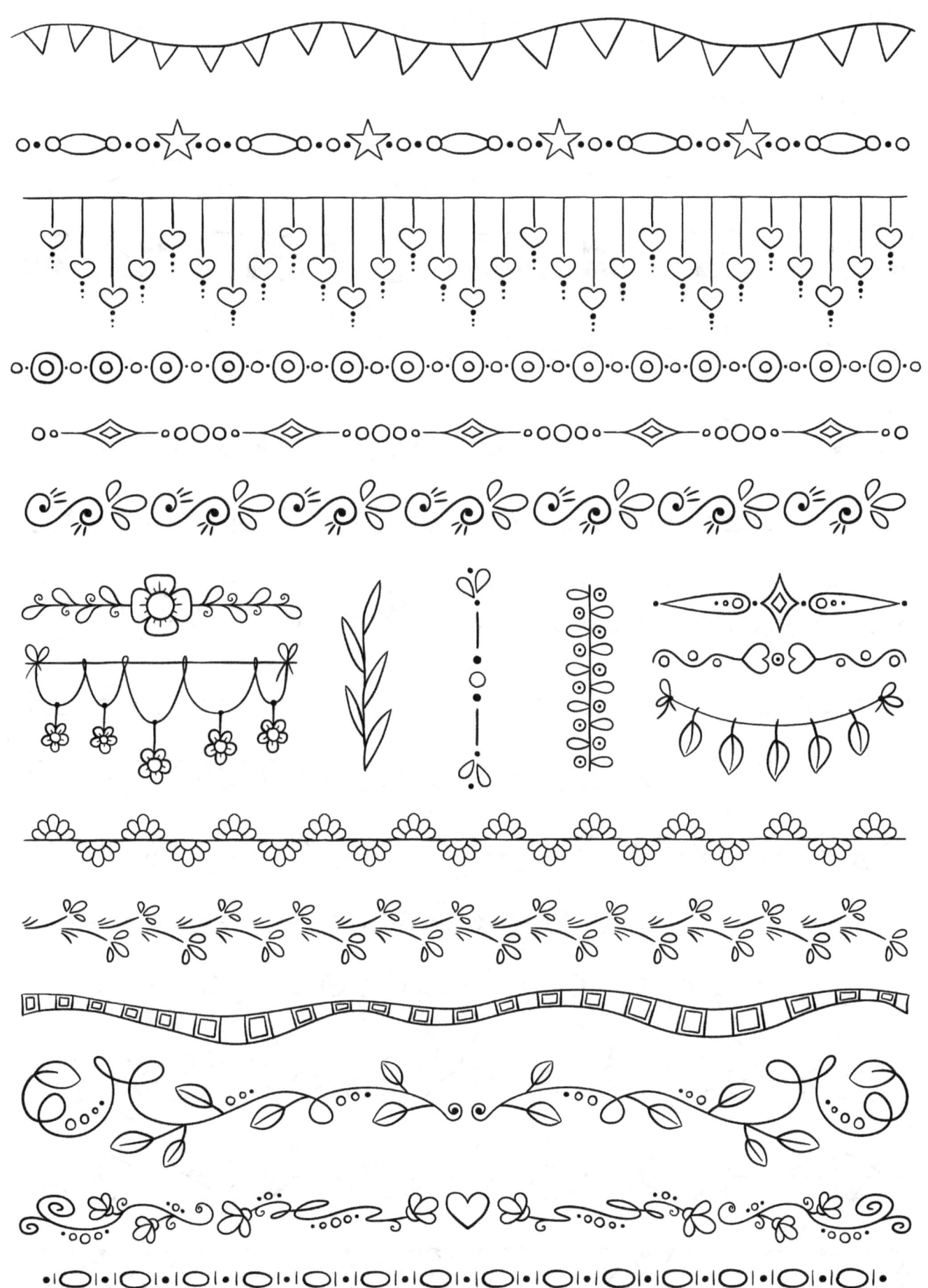

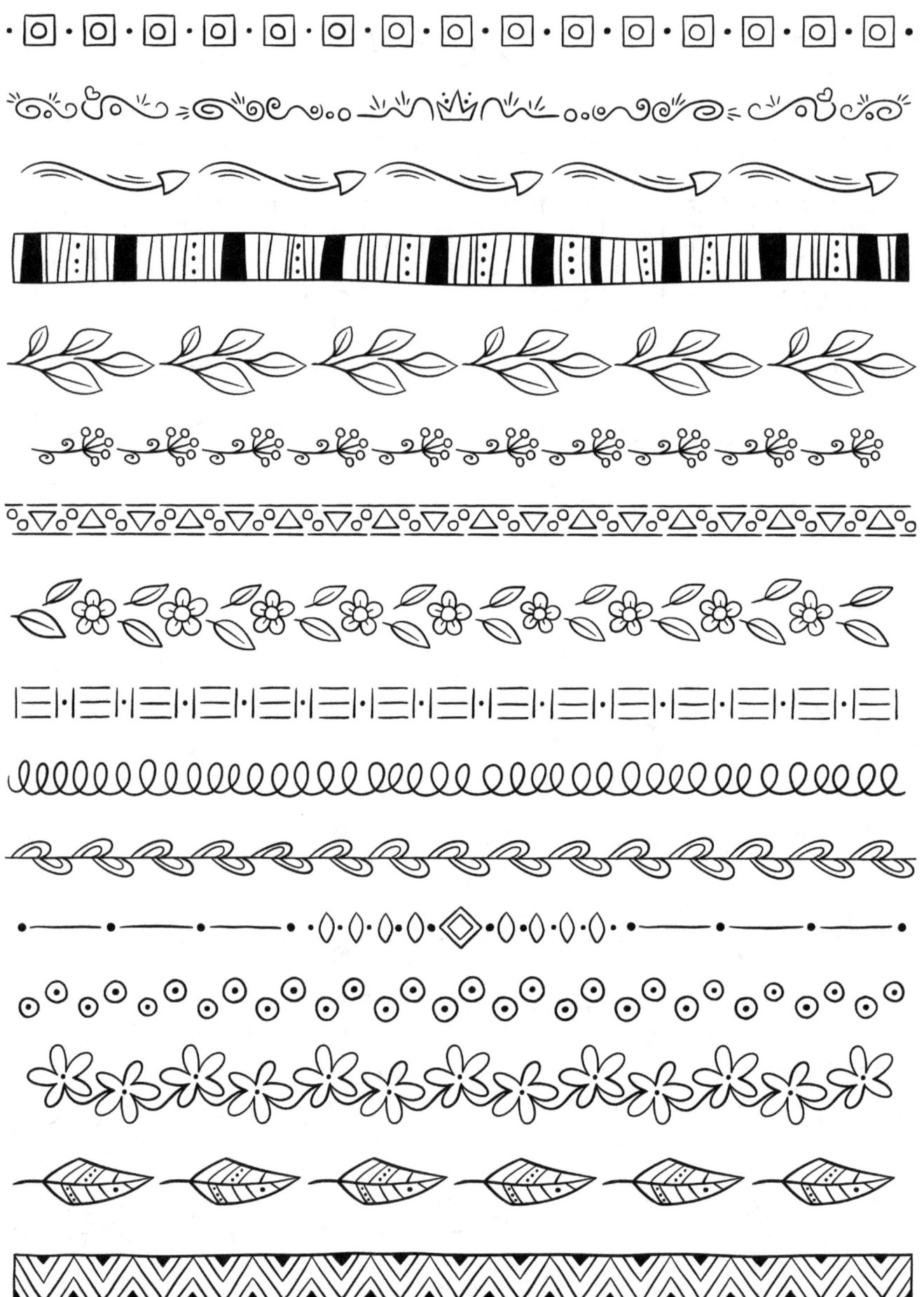

Basiselemente - Linien

Banner

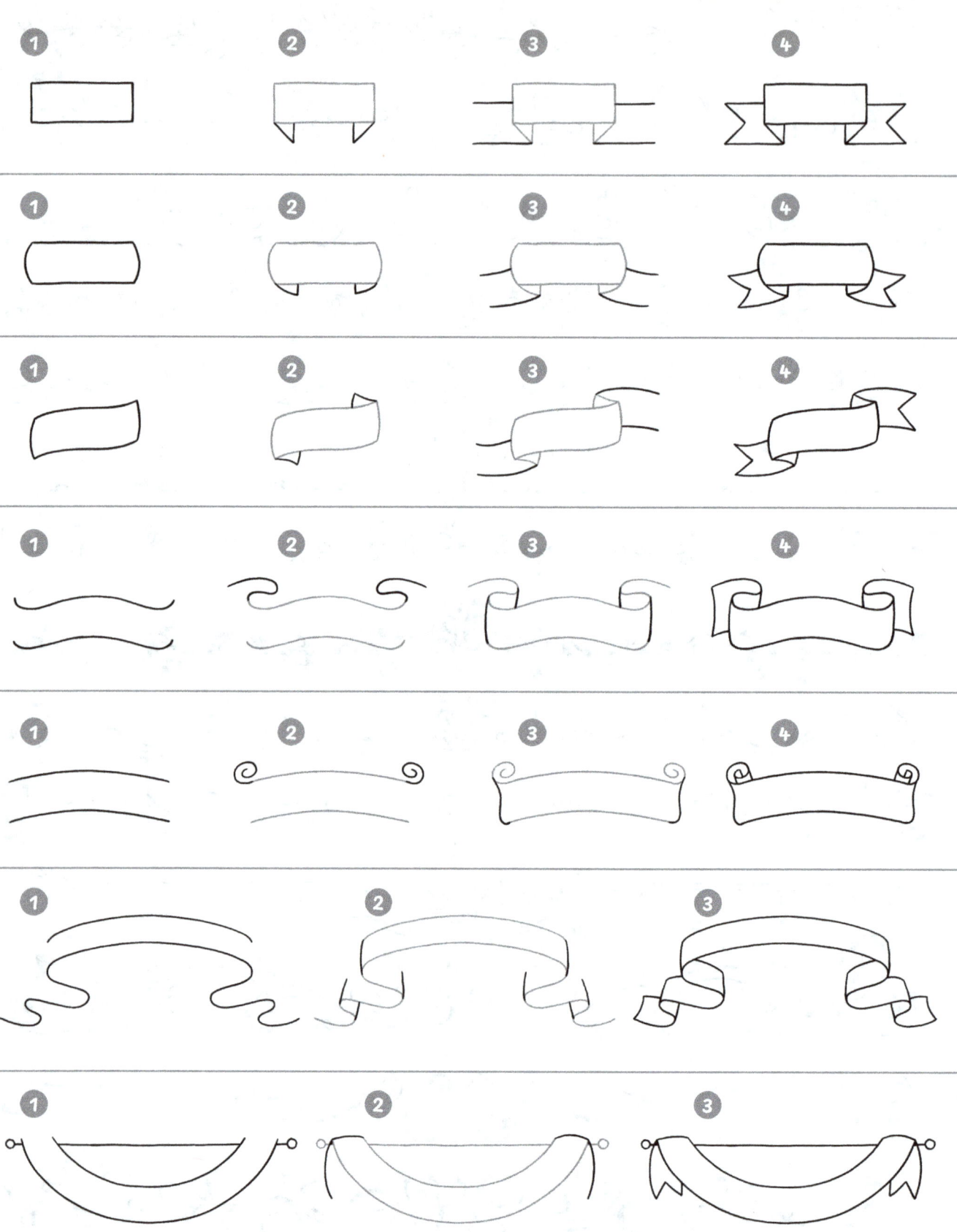

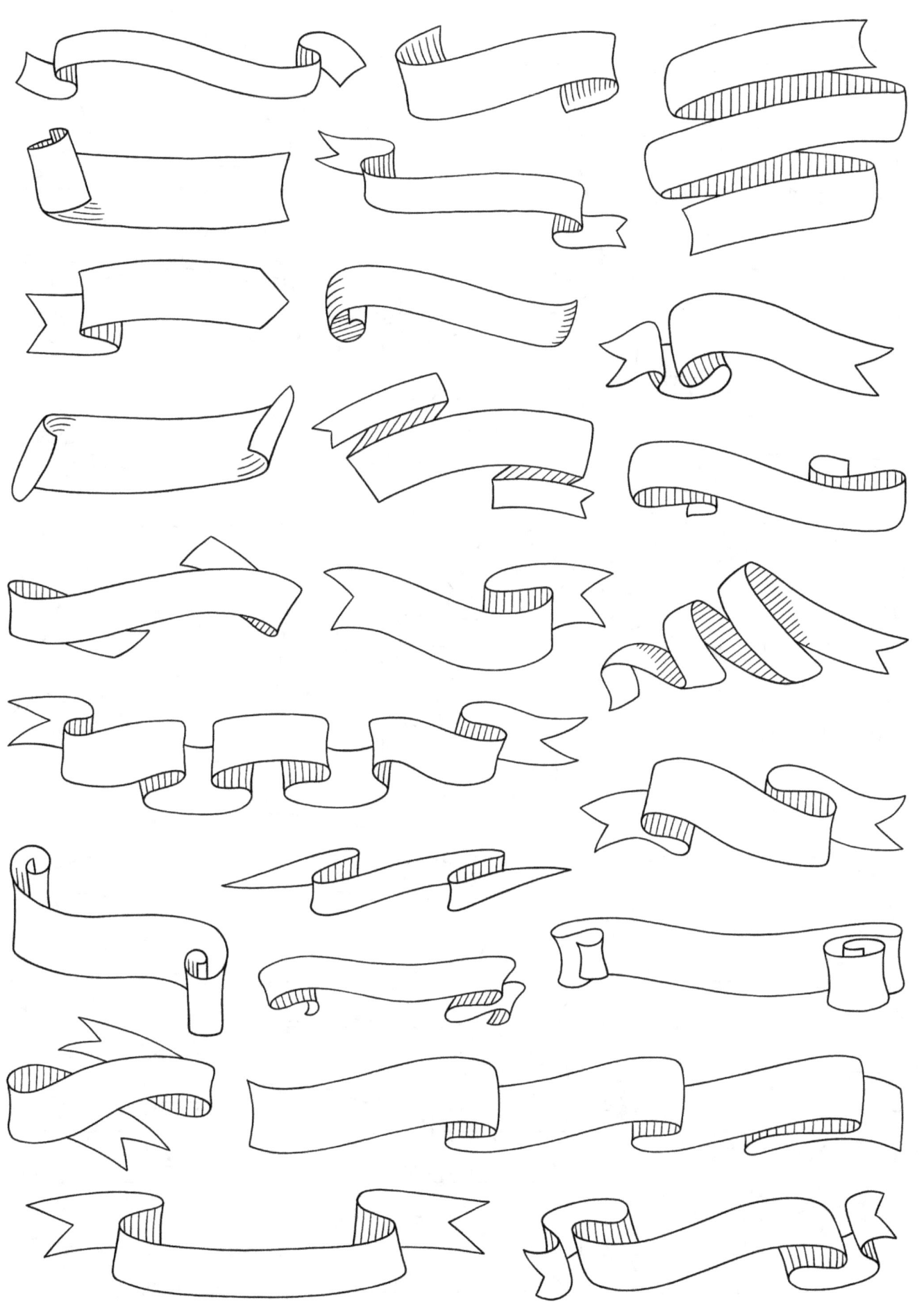

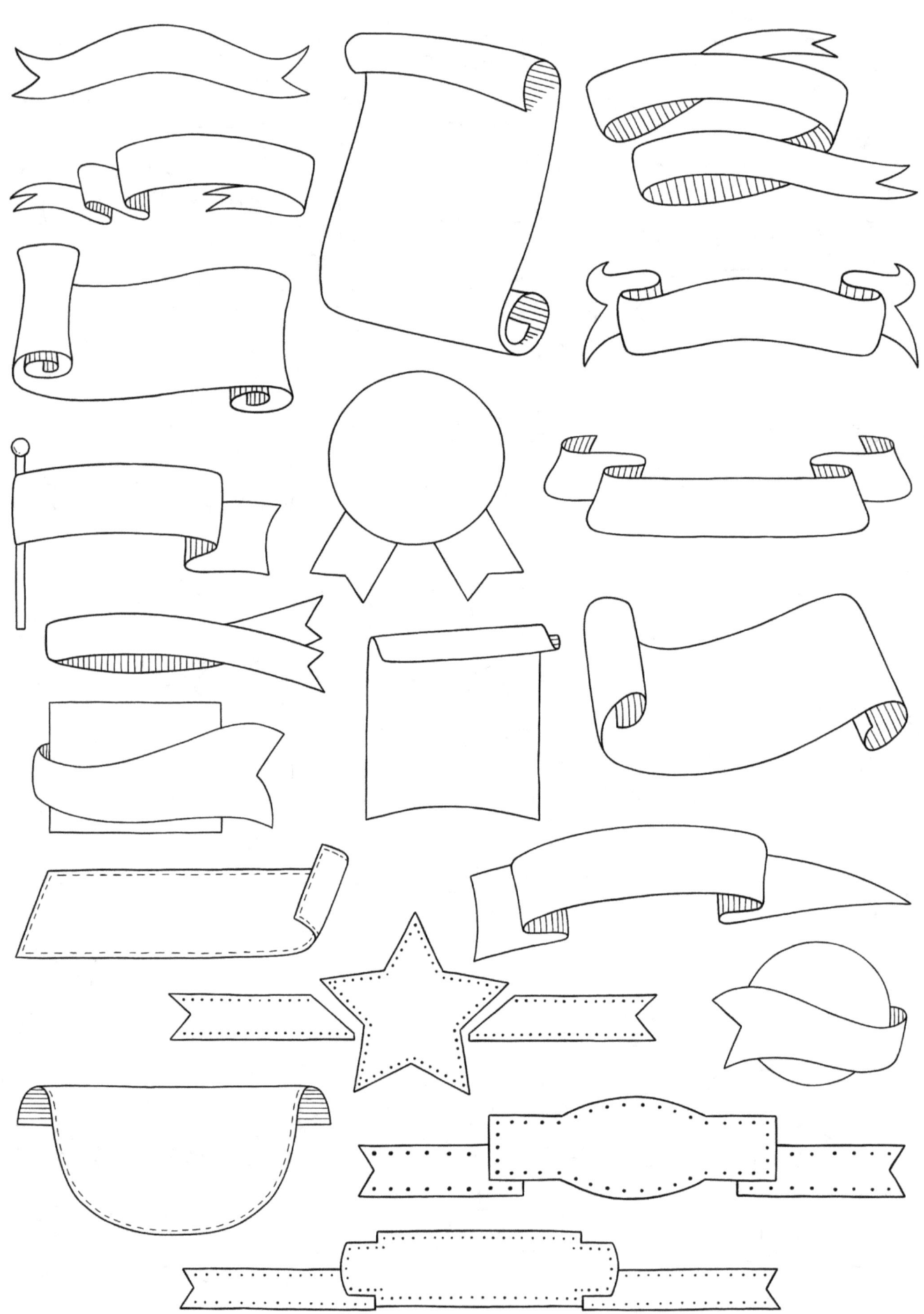

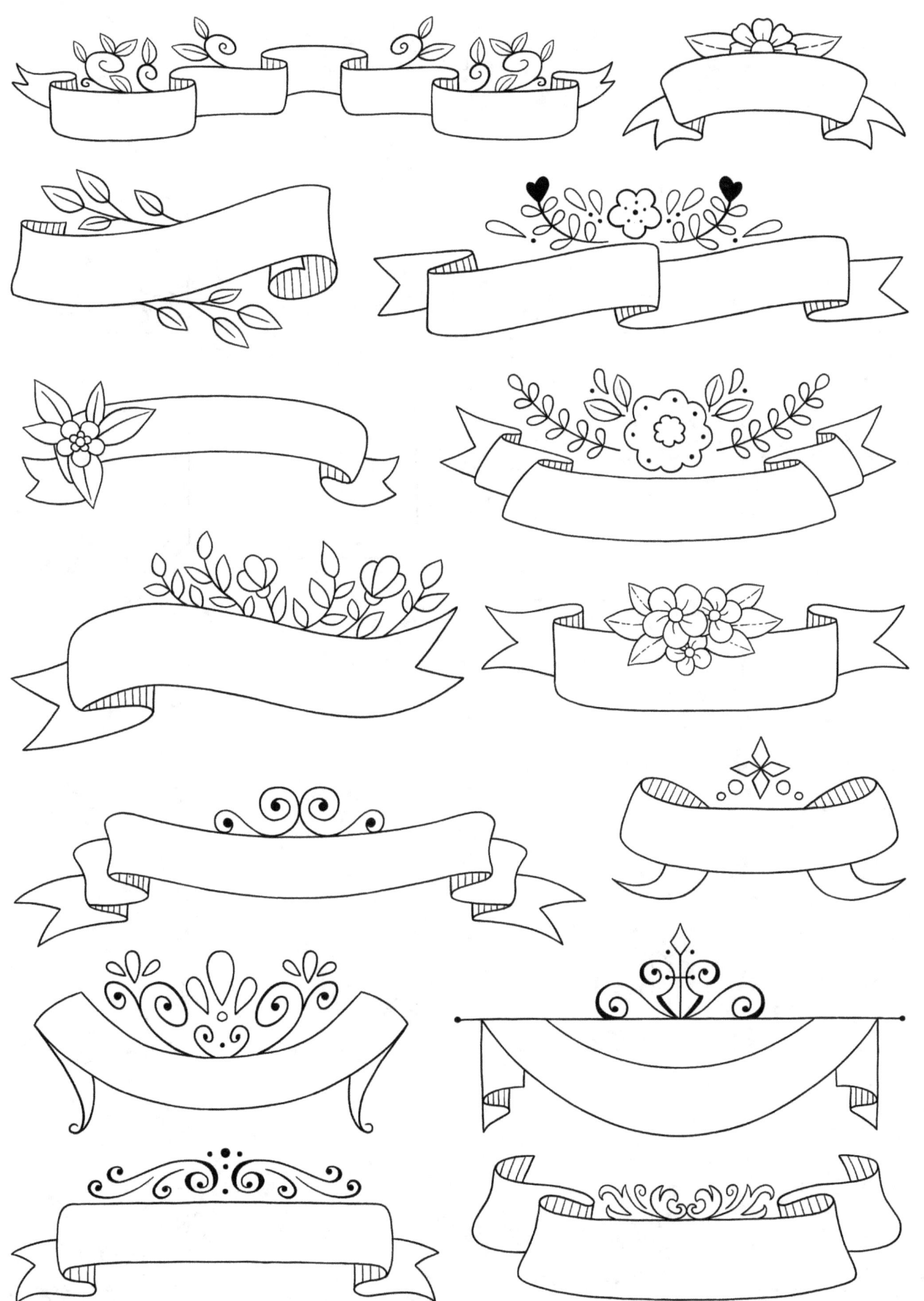

Ecken

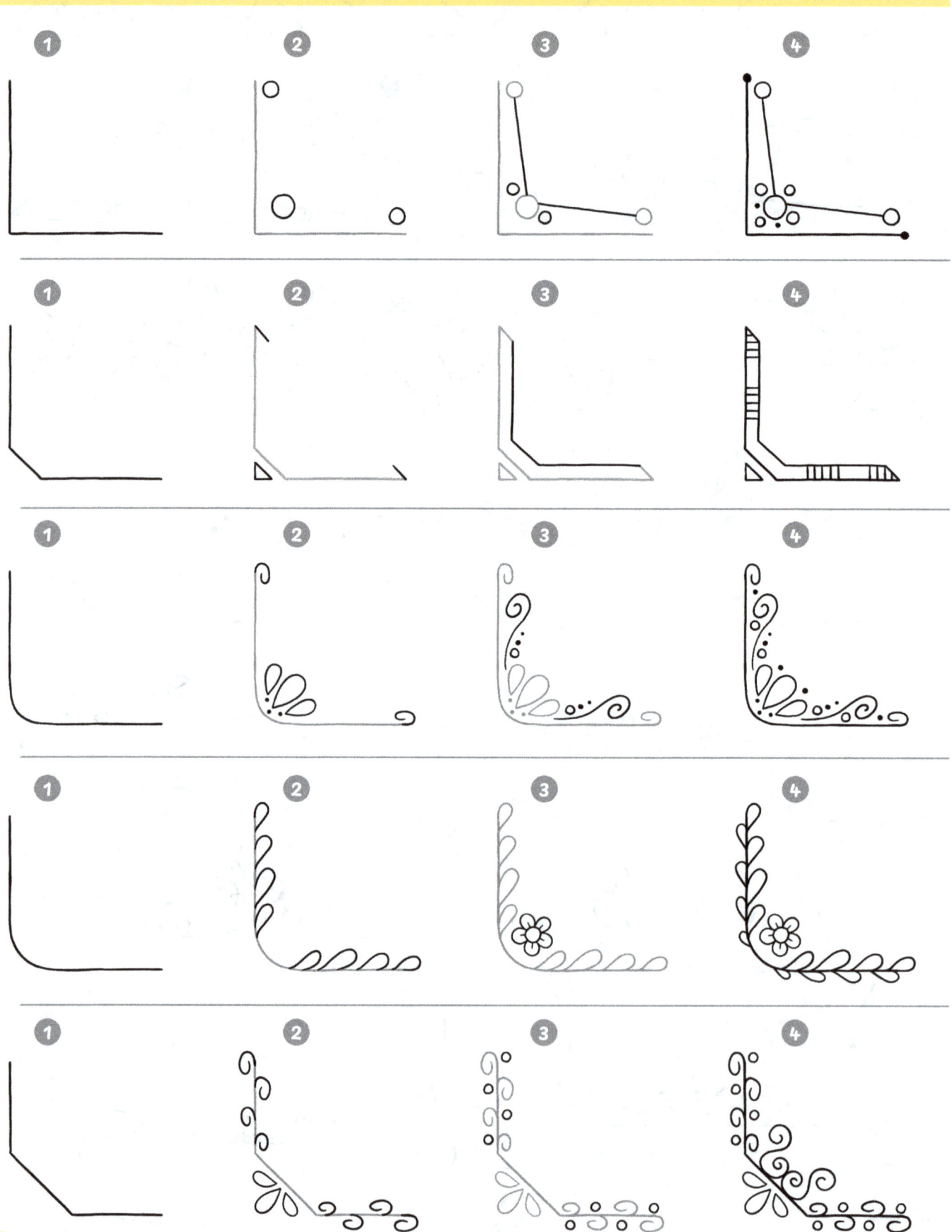

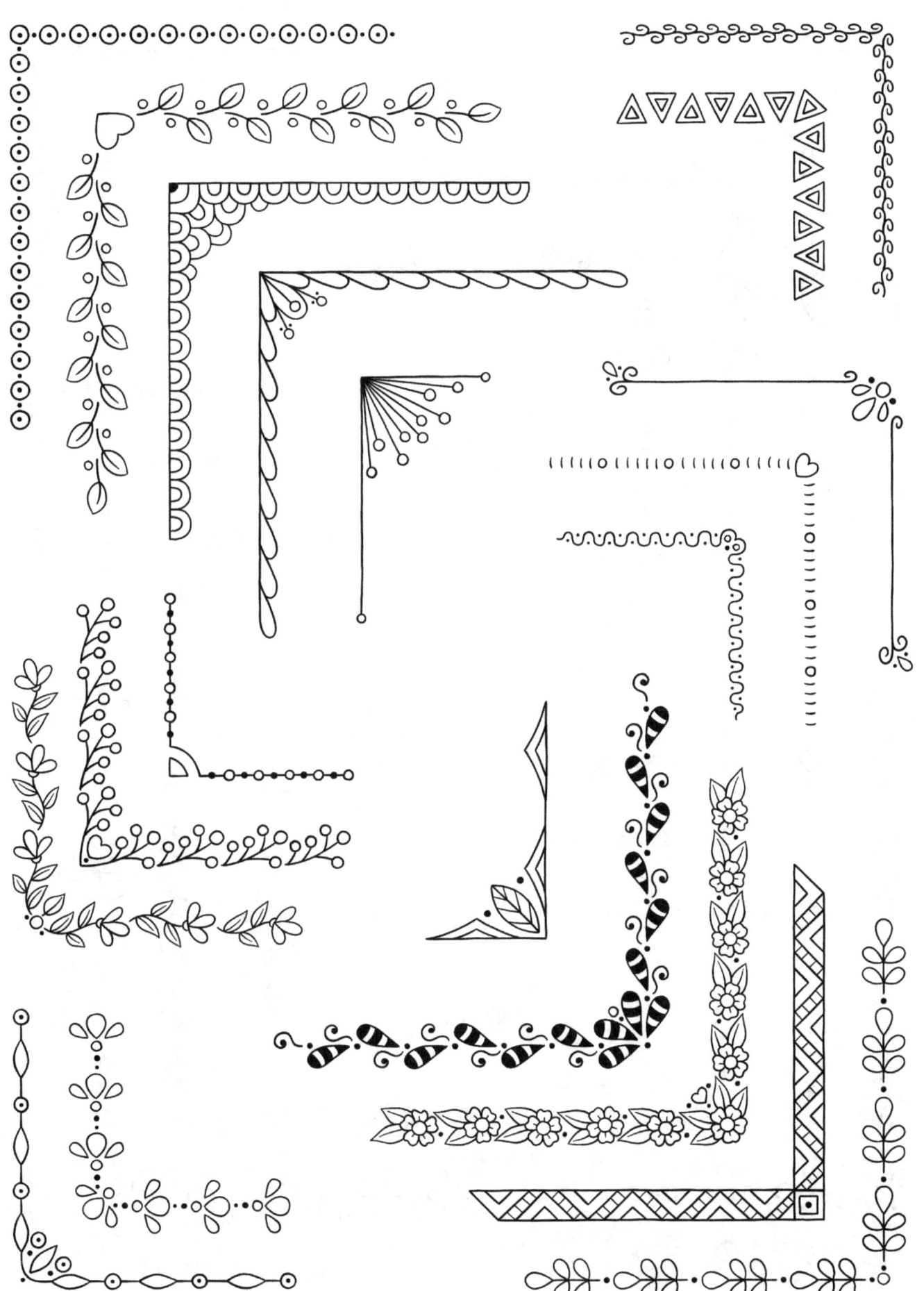

Basiselemente – Ecken

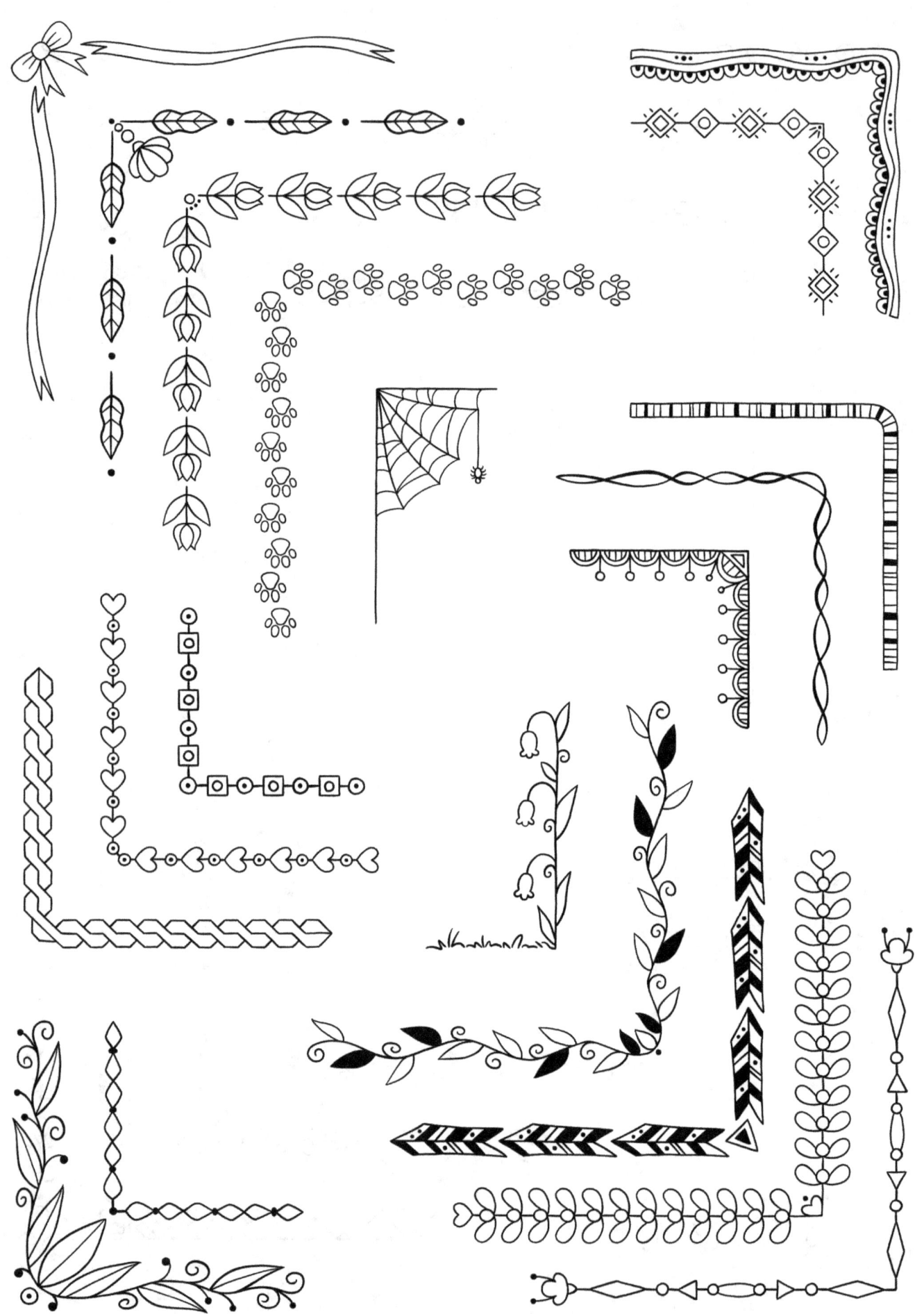

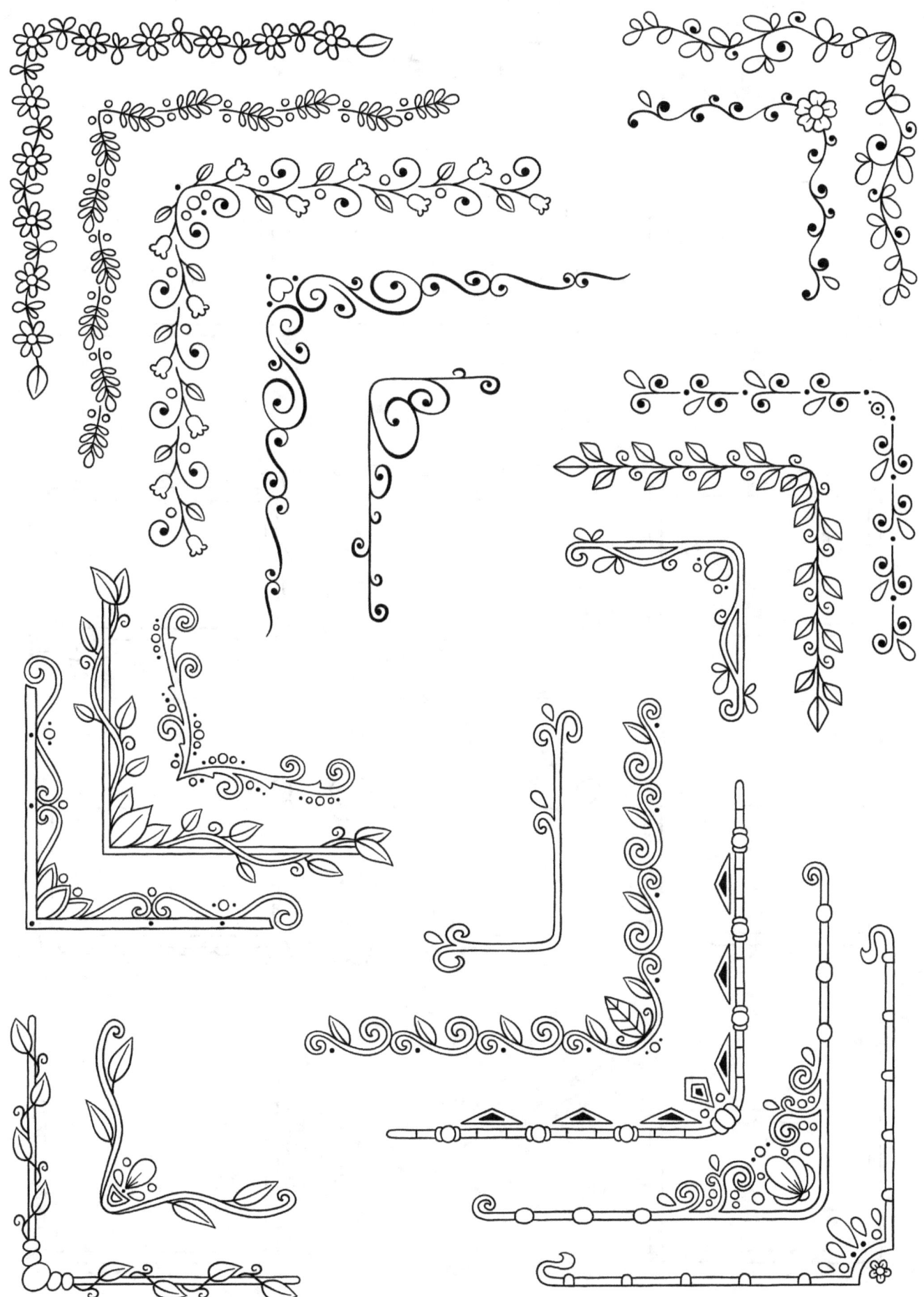

Rahmen

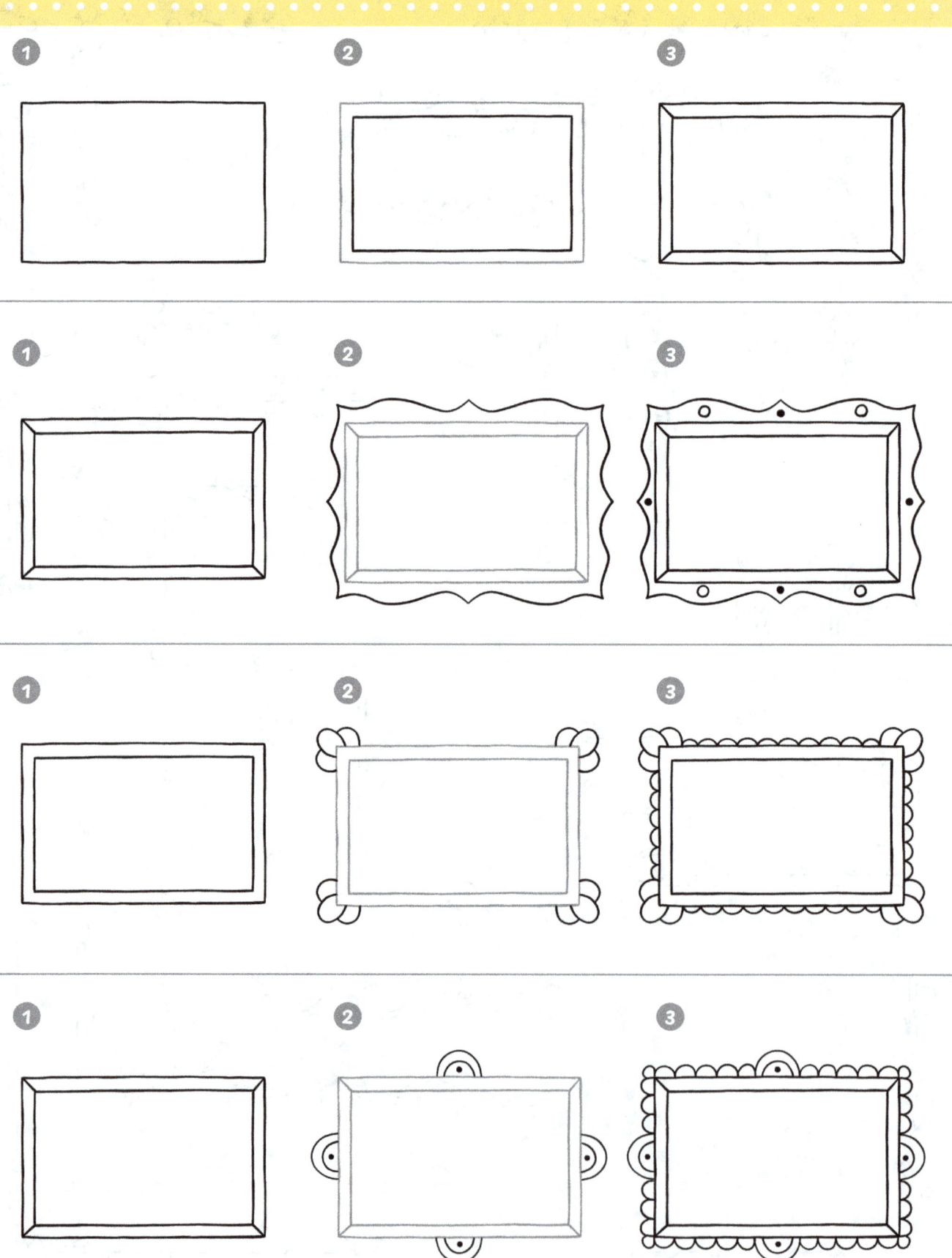

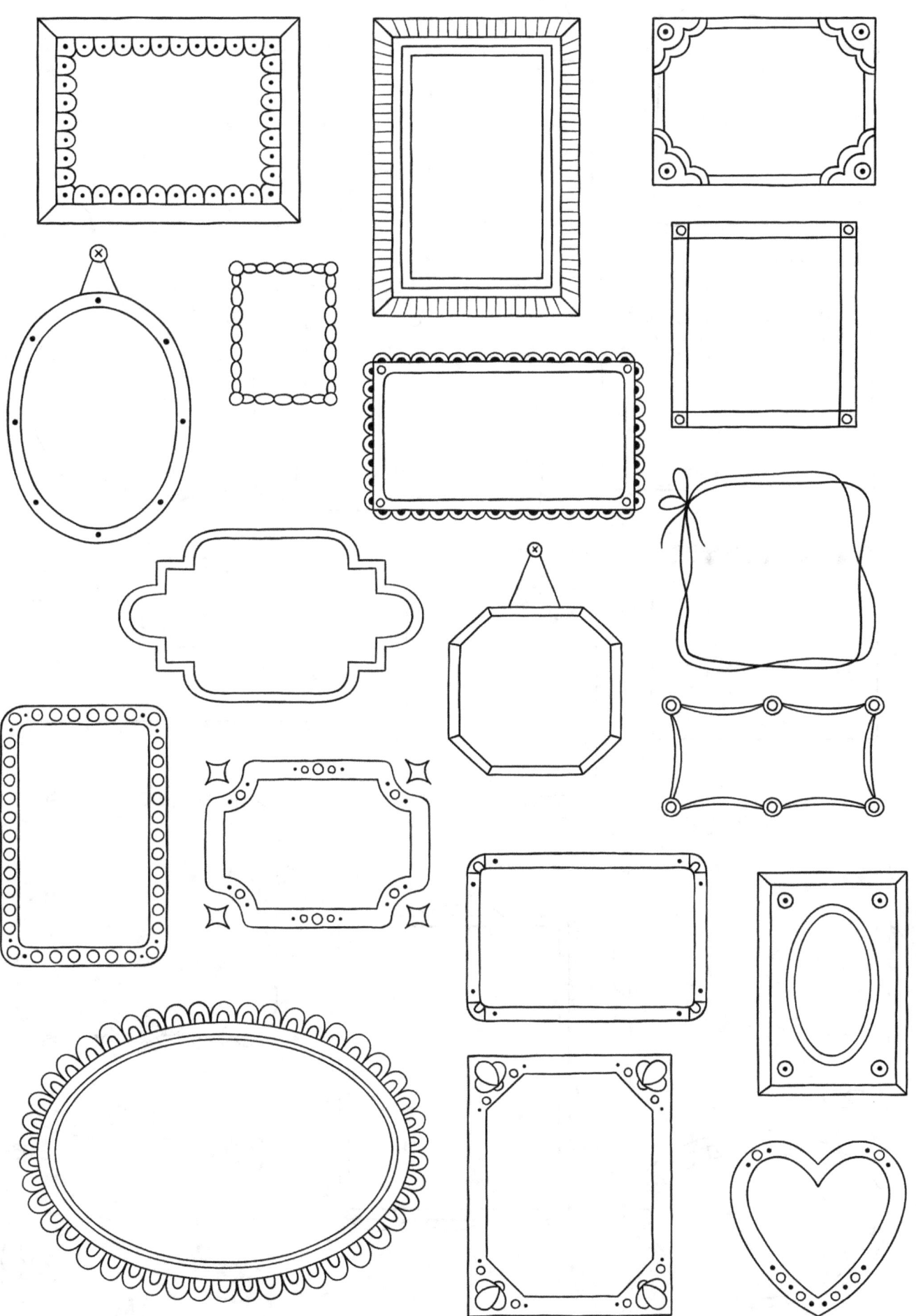

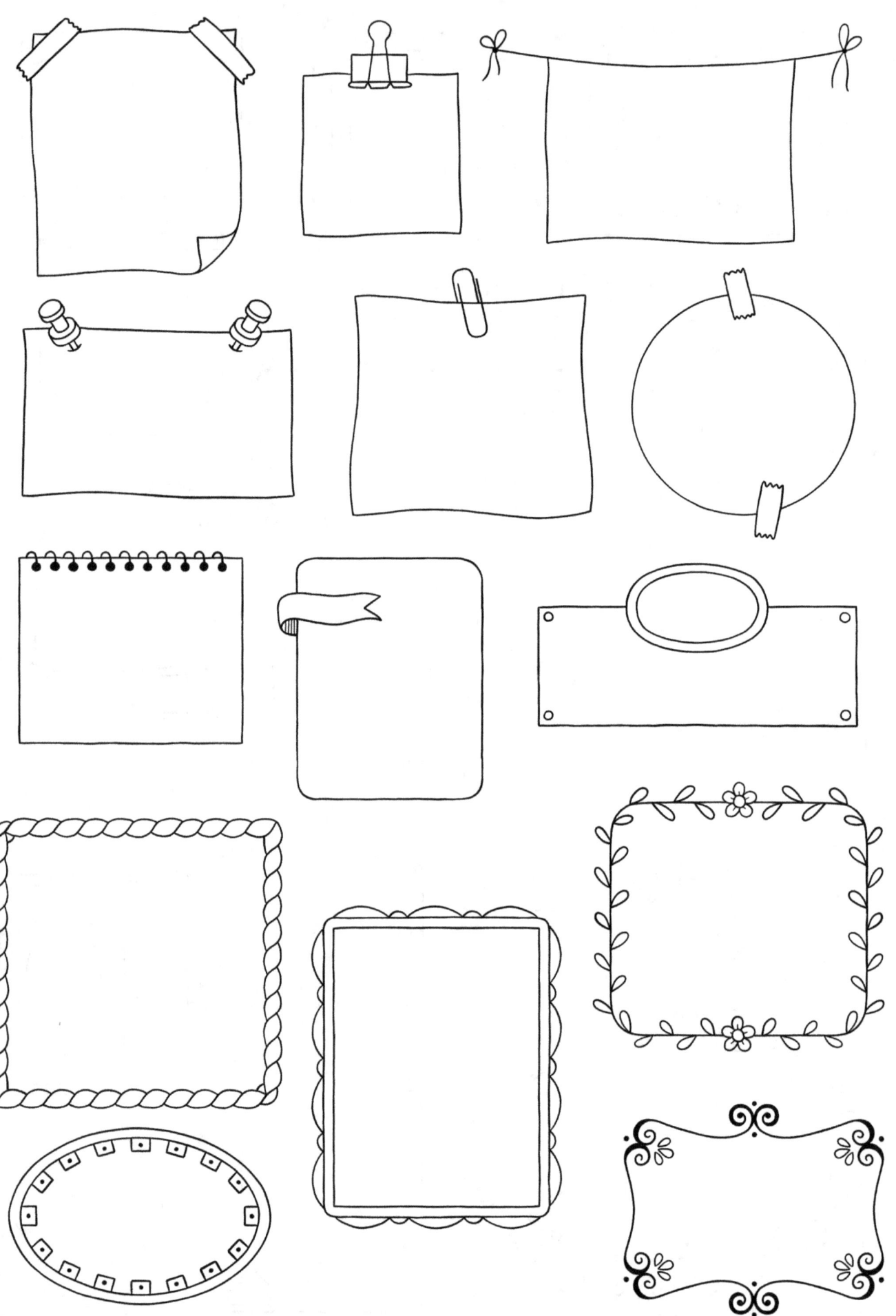

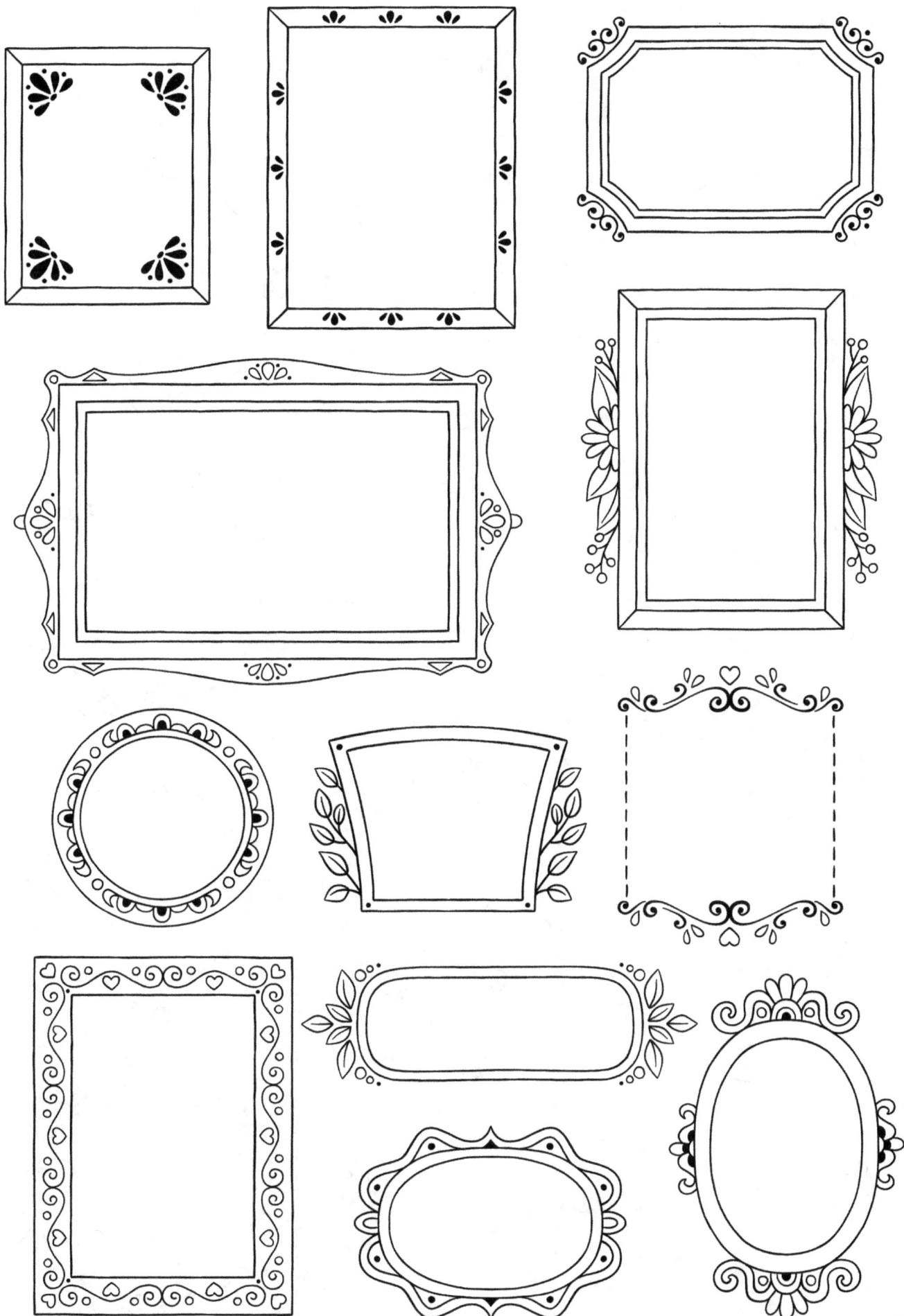

Basiselemente – Rahmen   23

Kränze

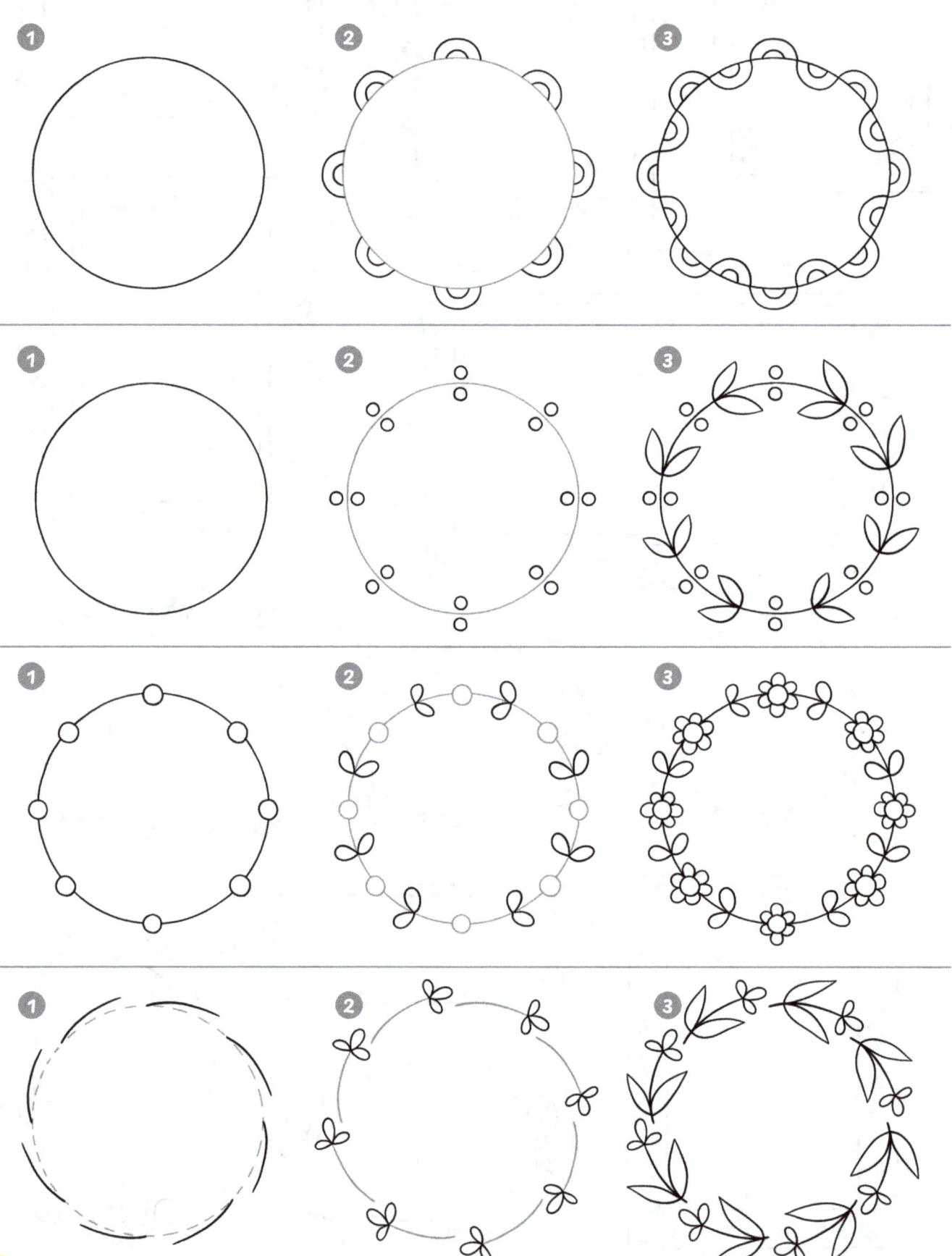

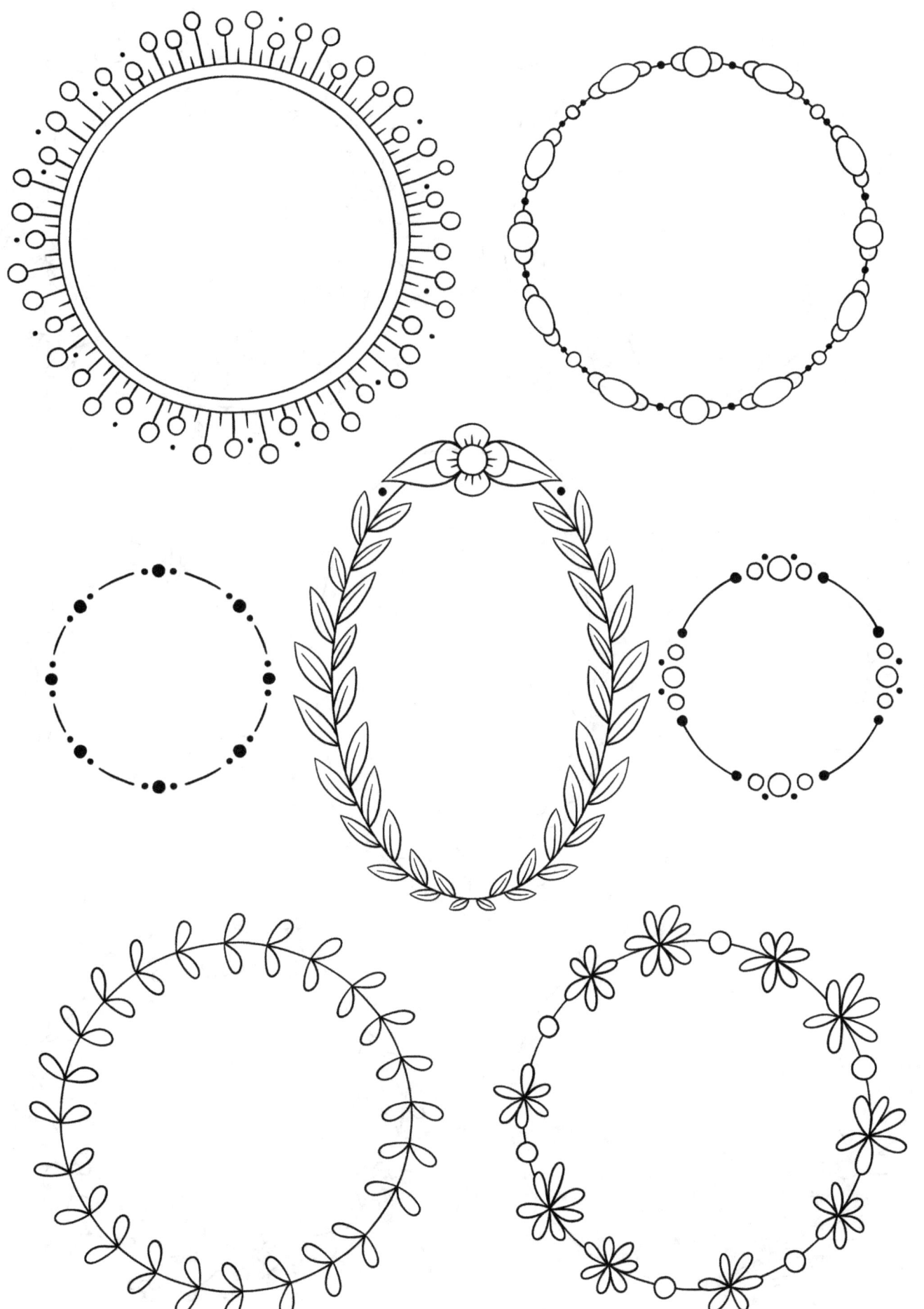

Basiselemente – Kränze

Basiselemente – Kränze

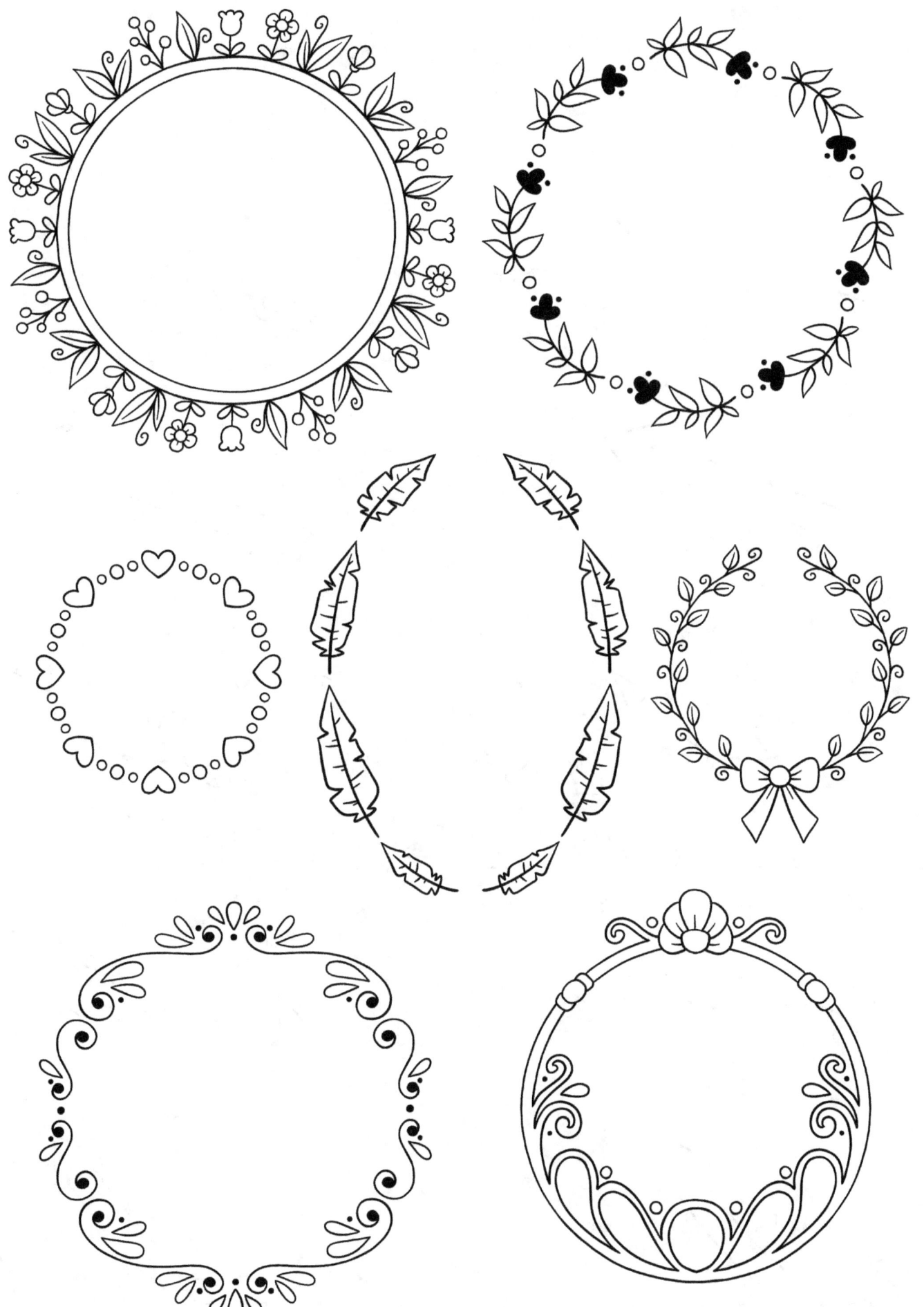

Basiselemente – Kränze

Pfeile

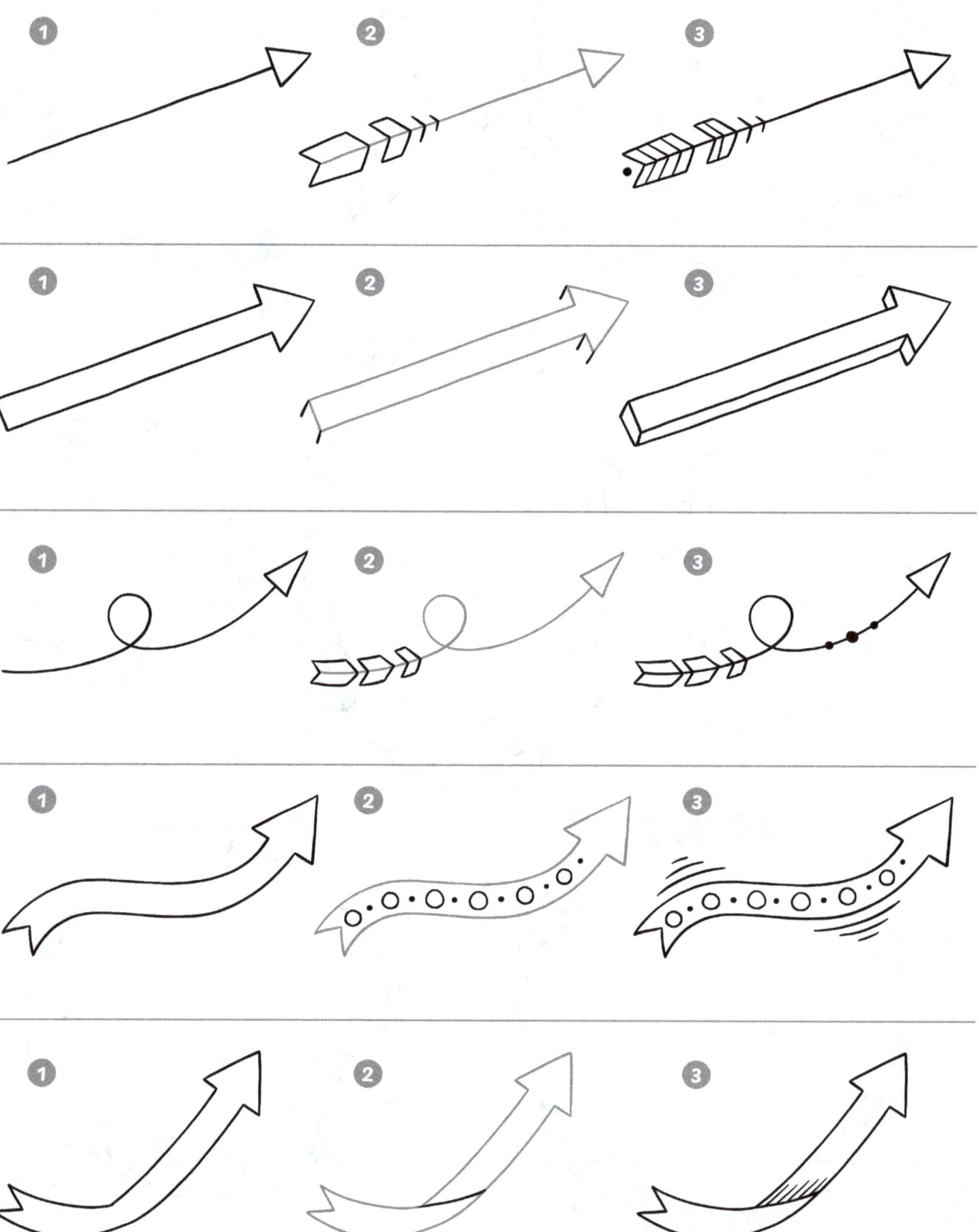

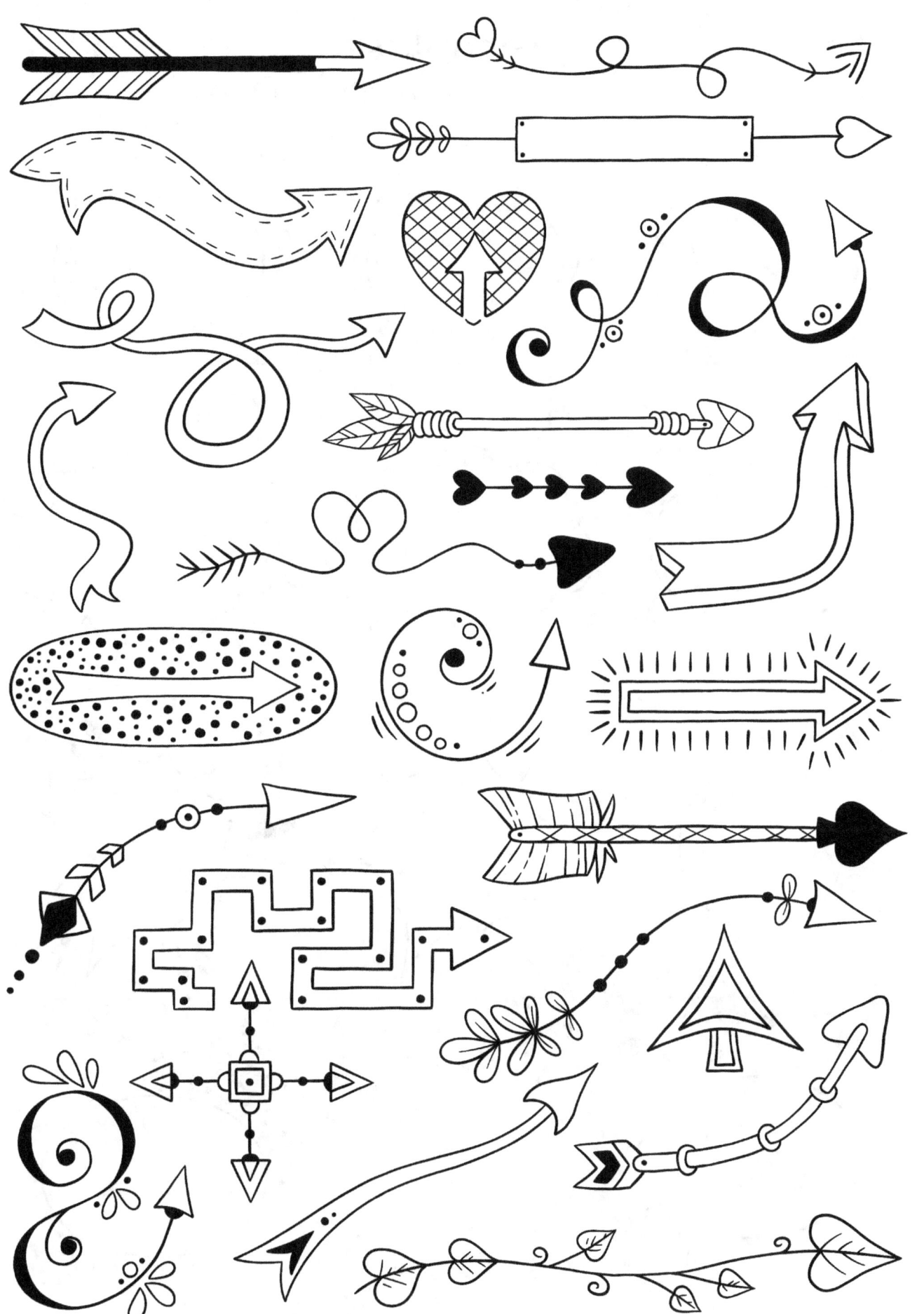

Basiselemente – Pfeile

Sprechblasen

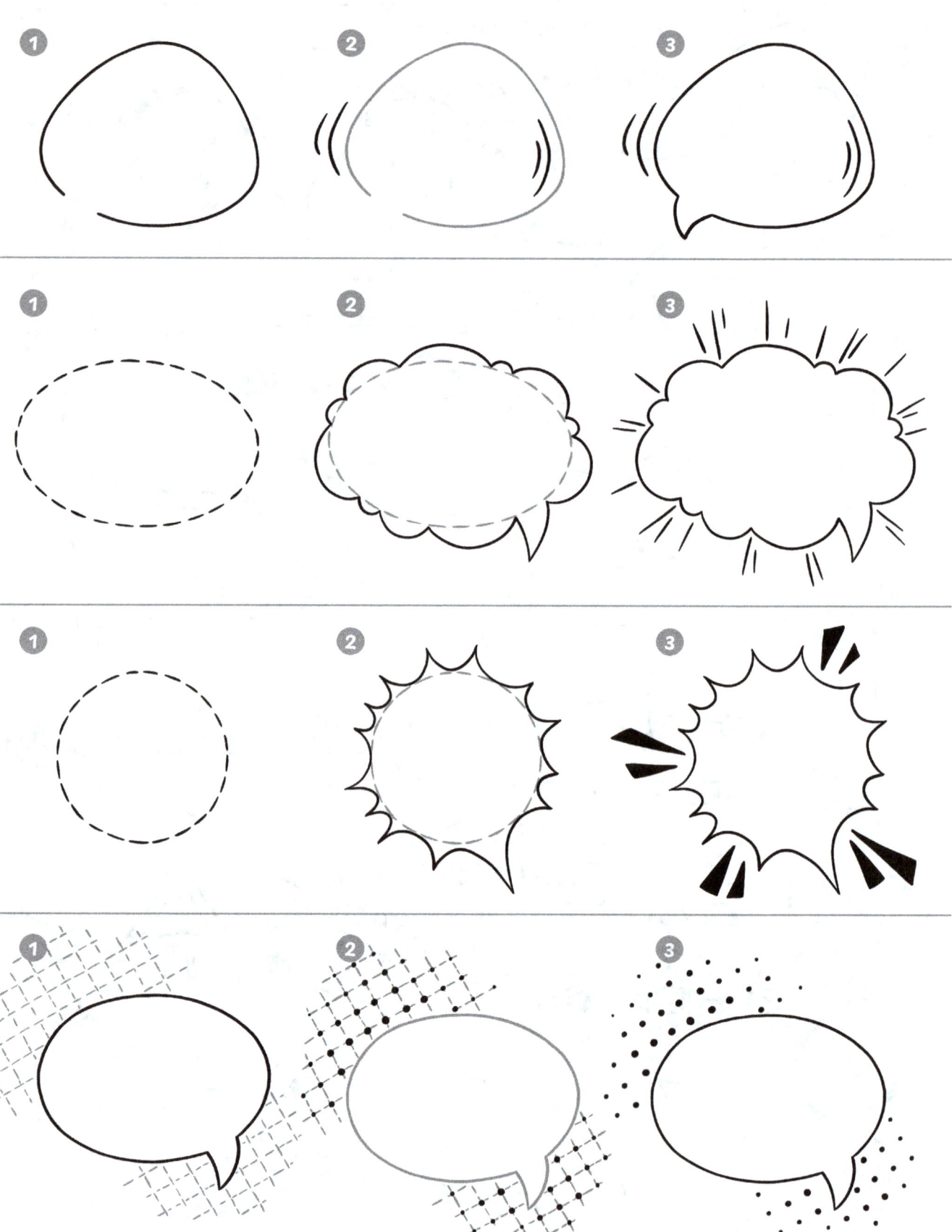

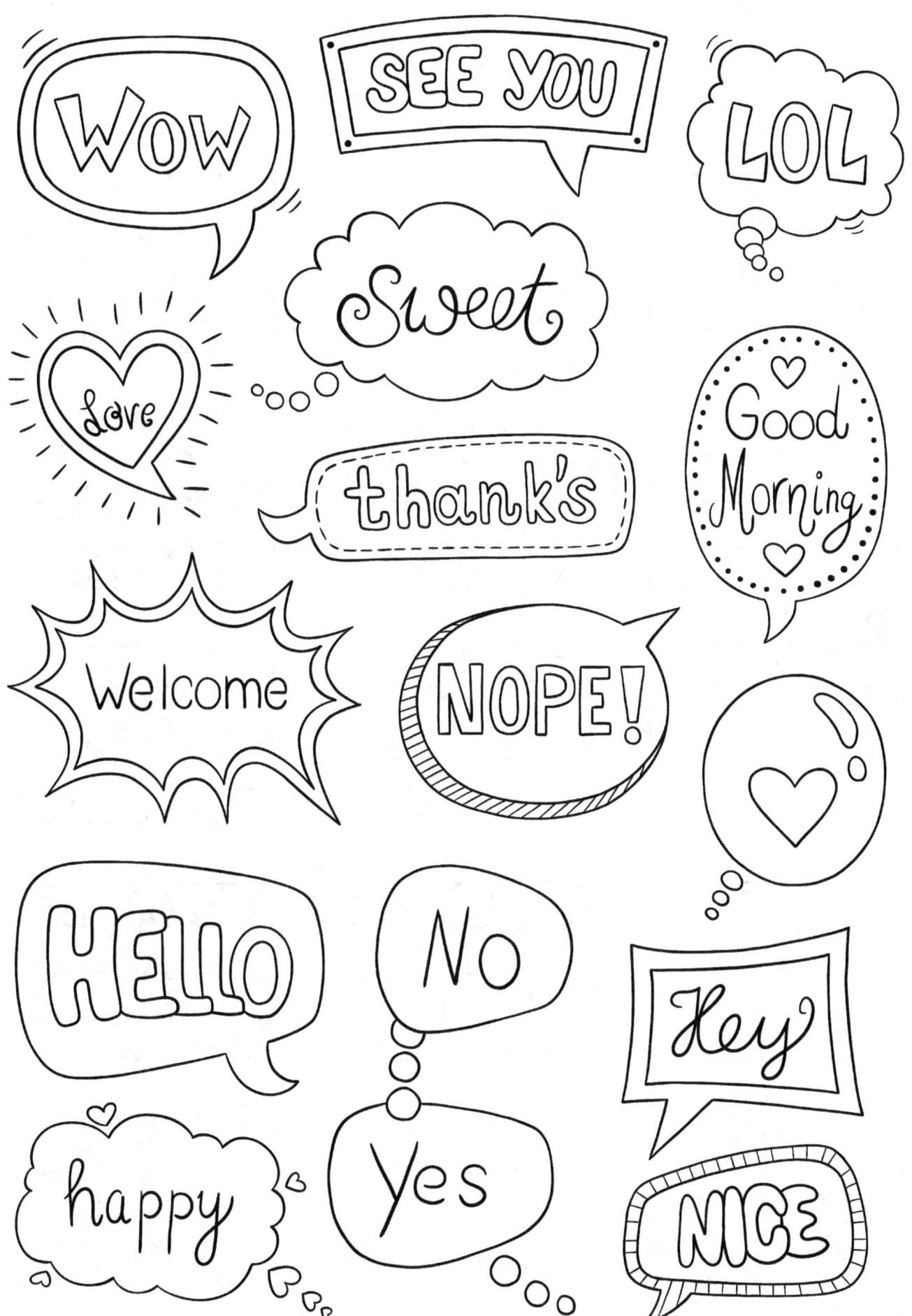

Muster

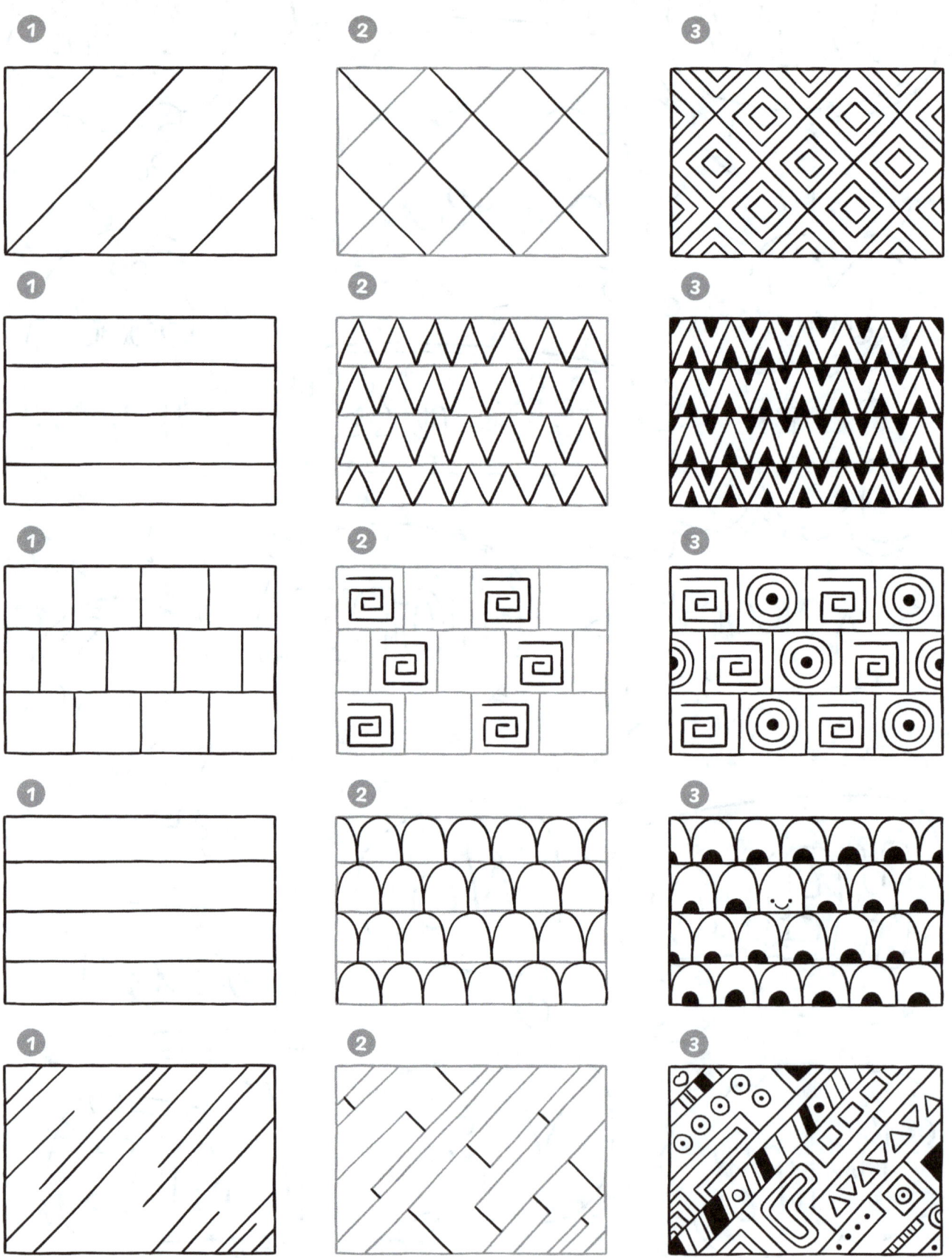

Basiselemente - Muster

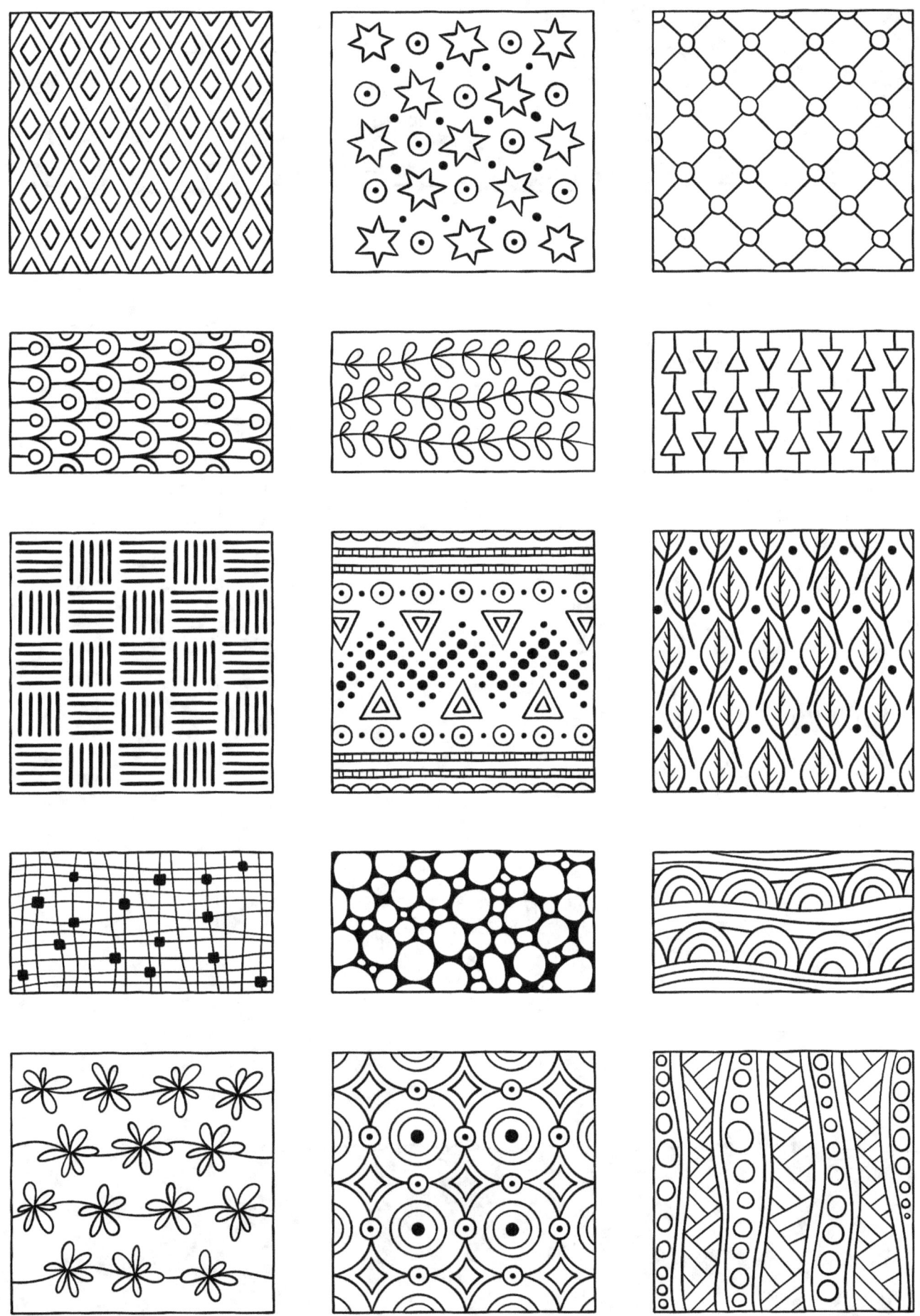

Basiselemente - Muster 33

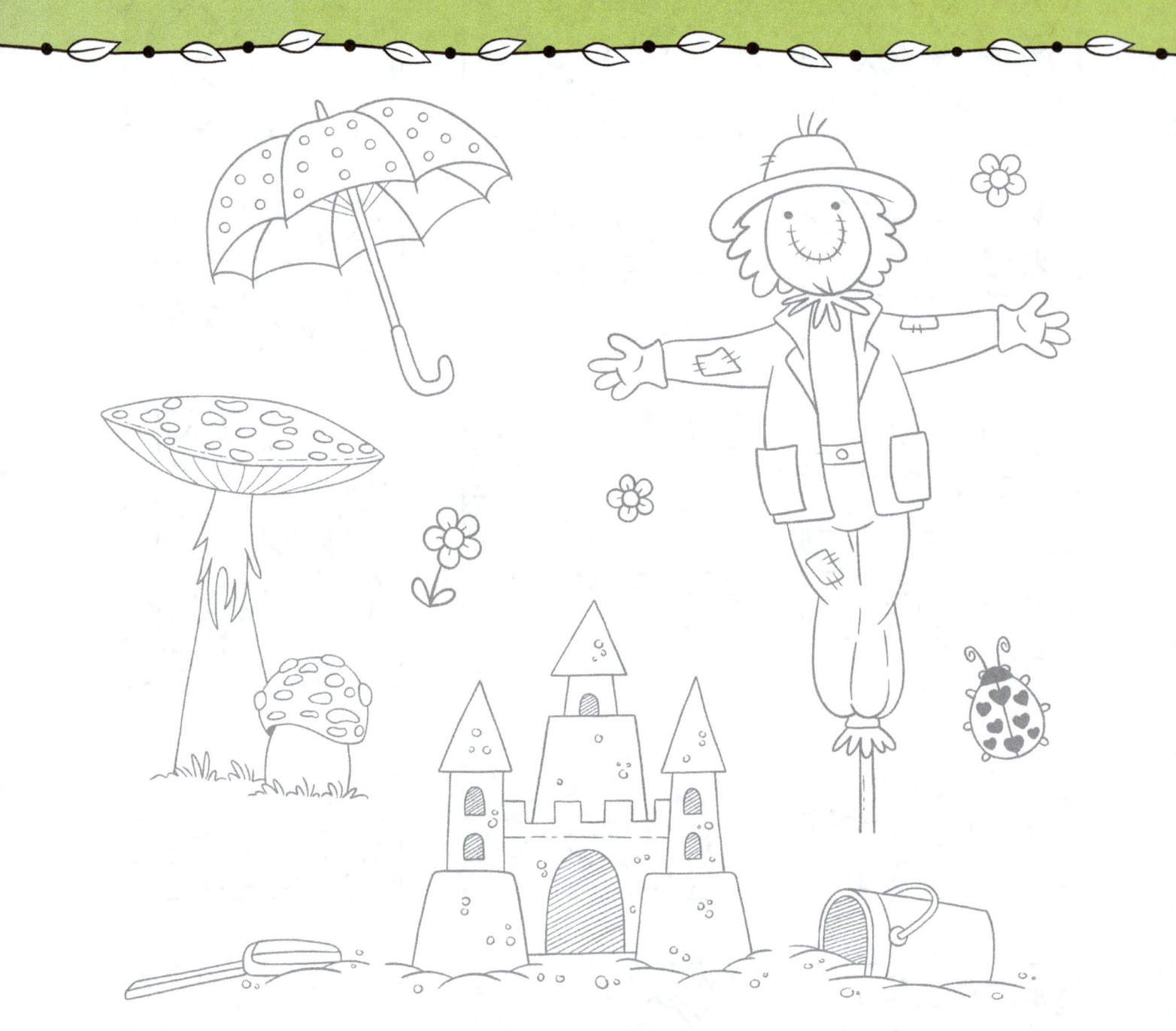

Natur & Jahreszeiten

Pflanzen

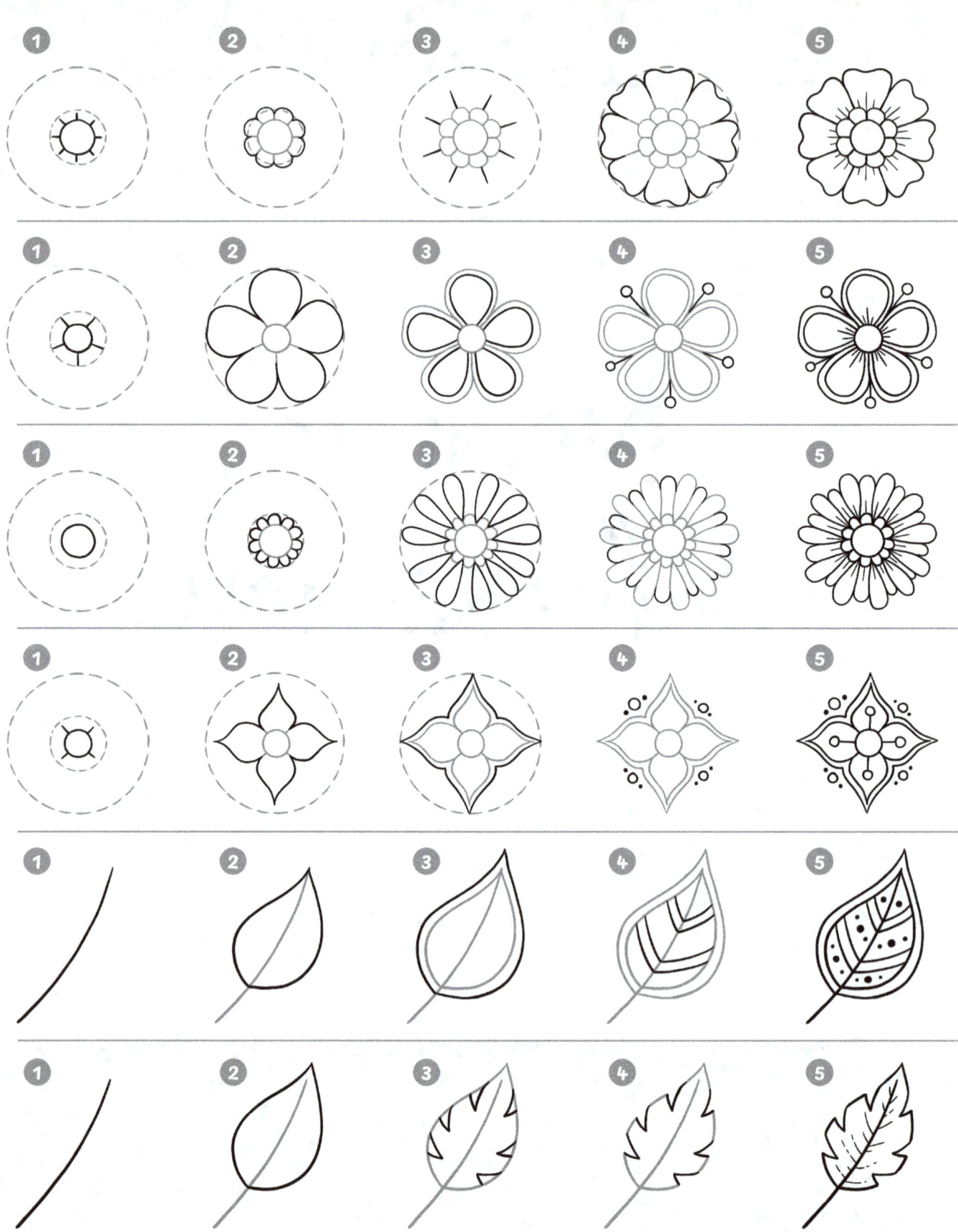

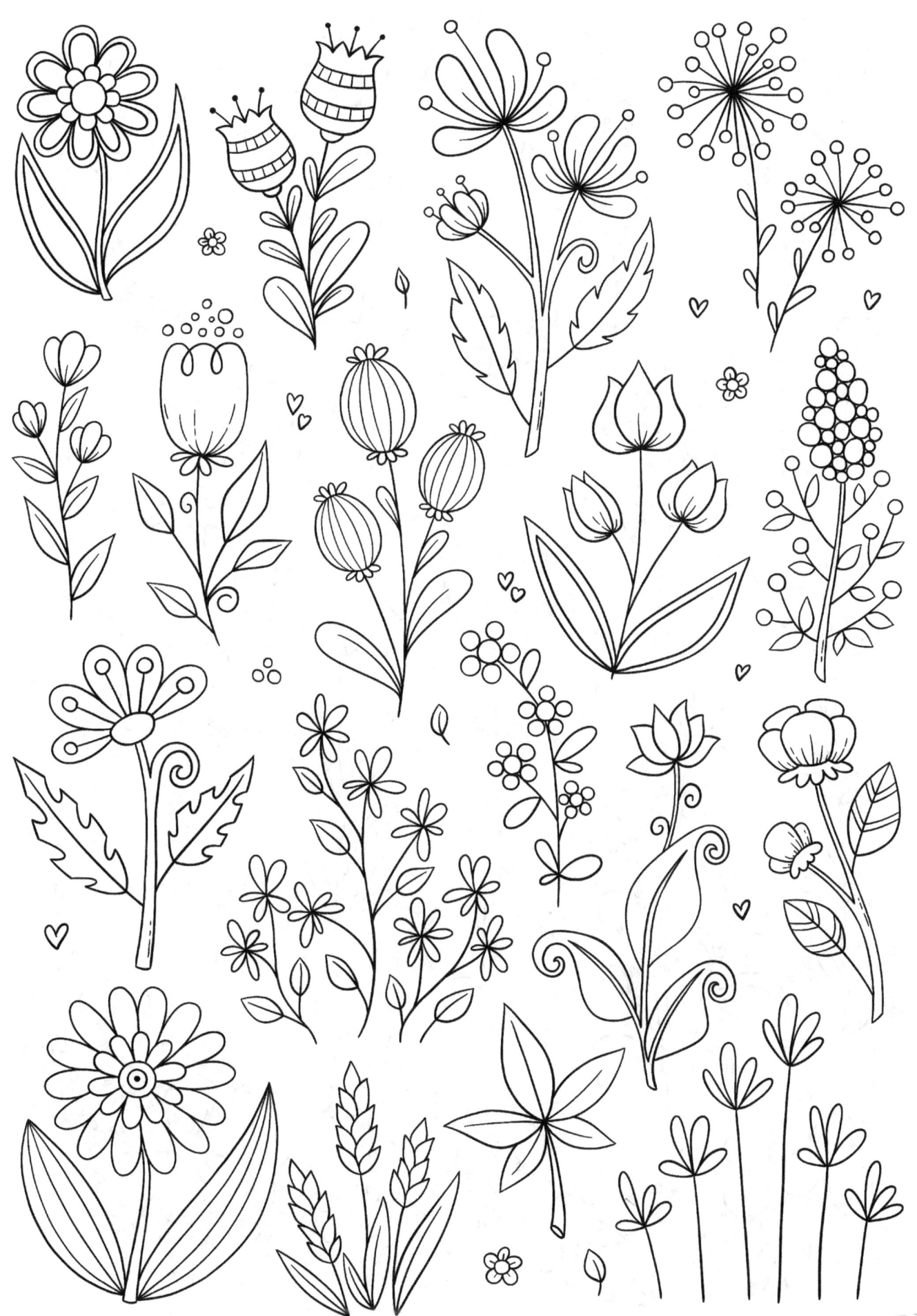

Natur & Jahreszeiten – Pflanzen

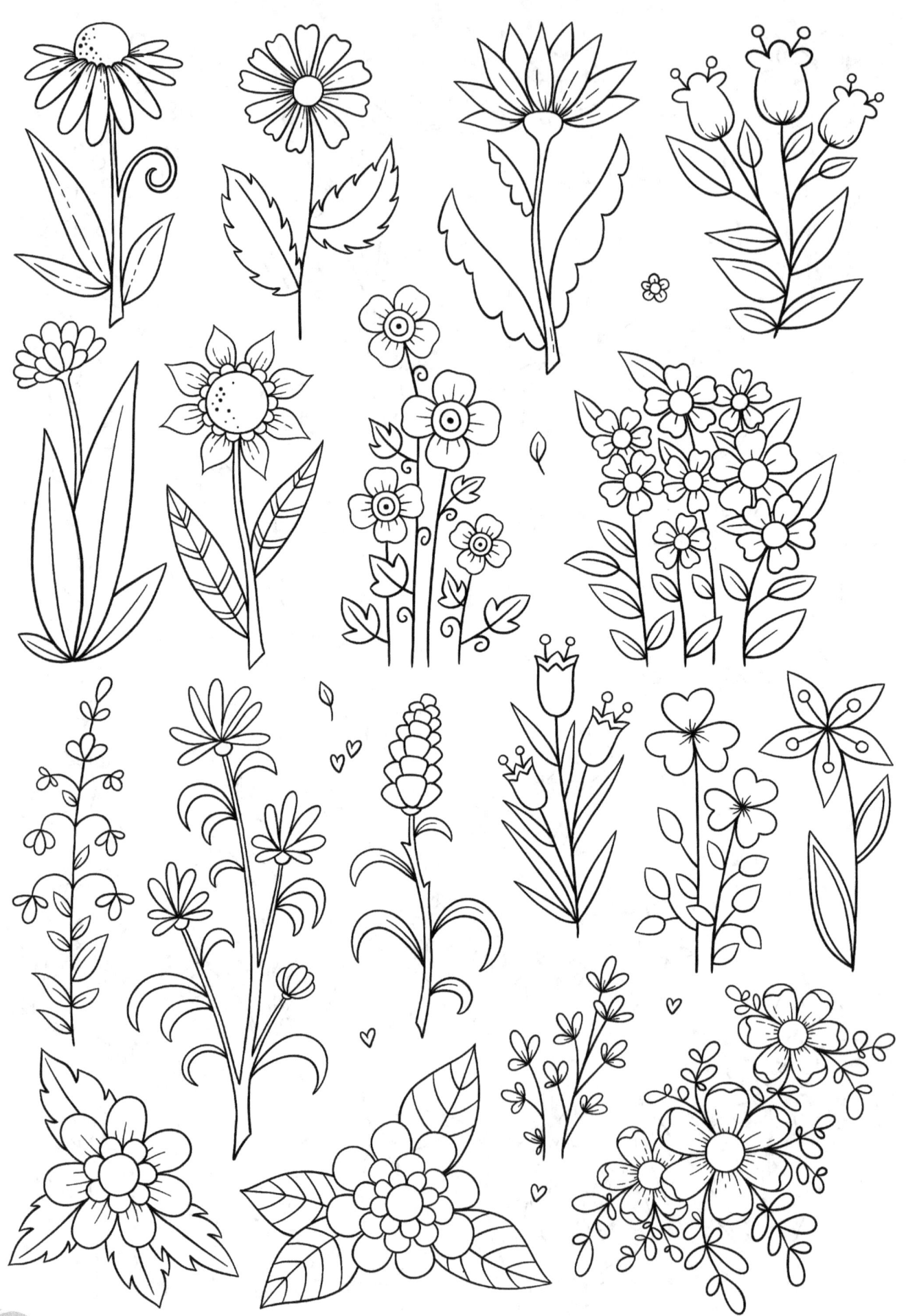

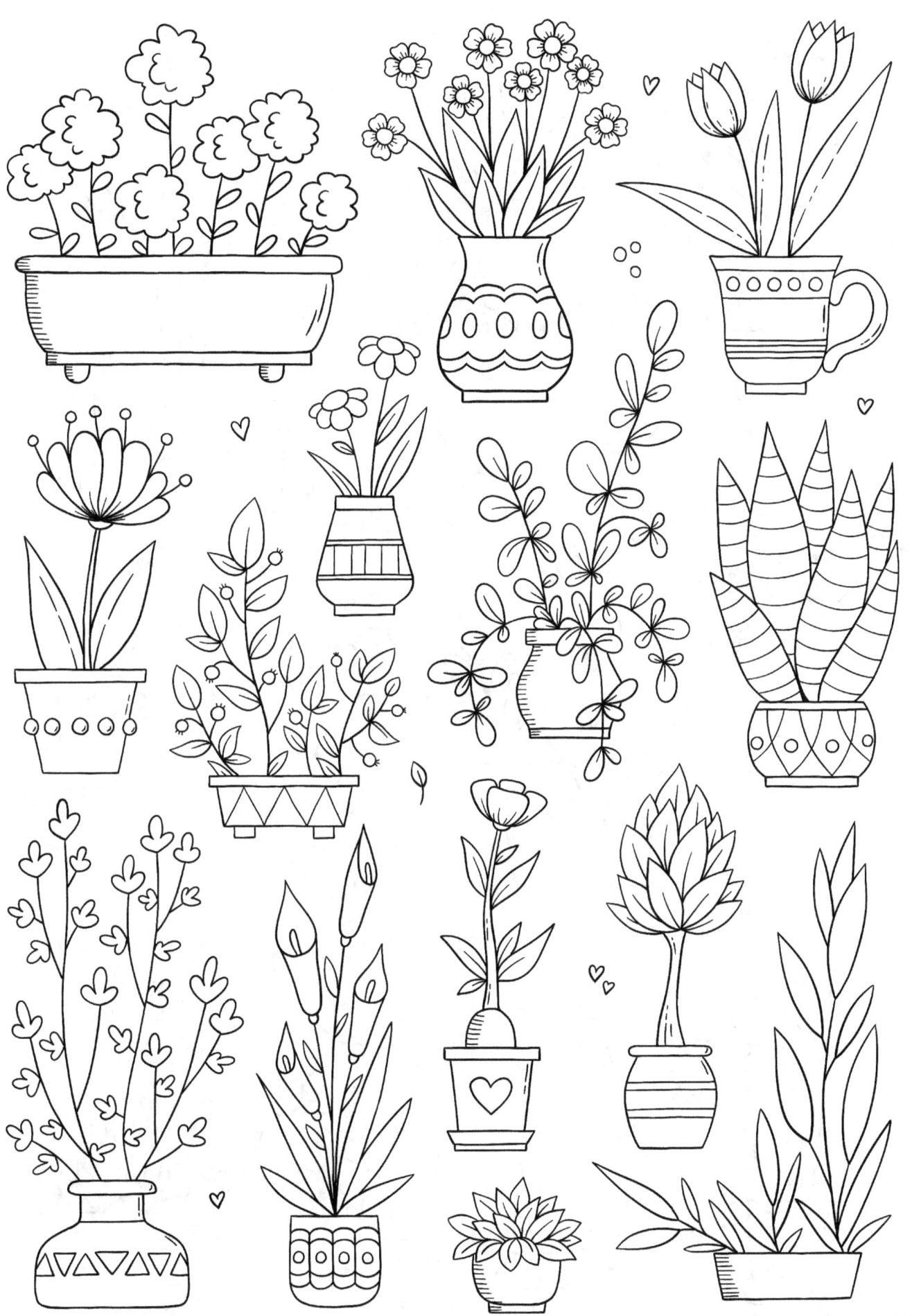

Natur & Jahreszeiten - Pflanzen

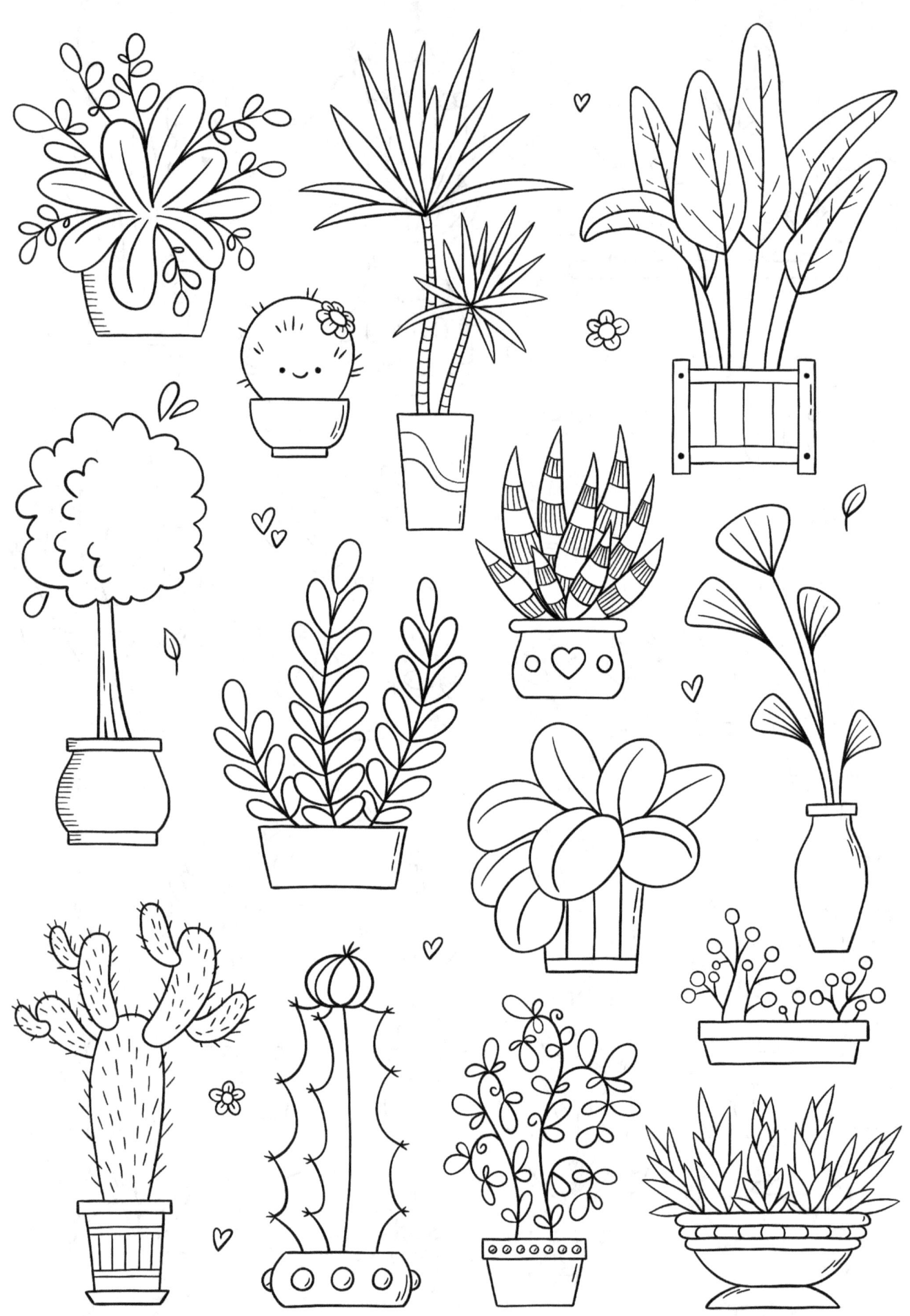

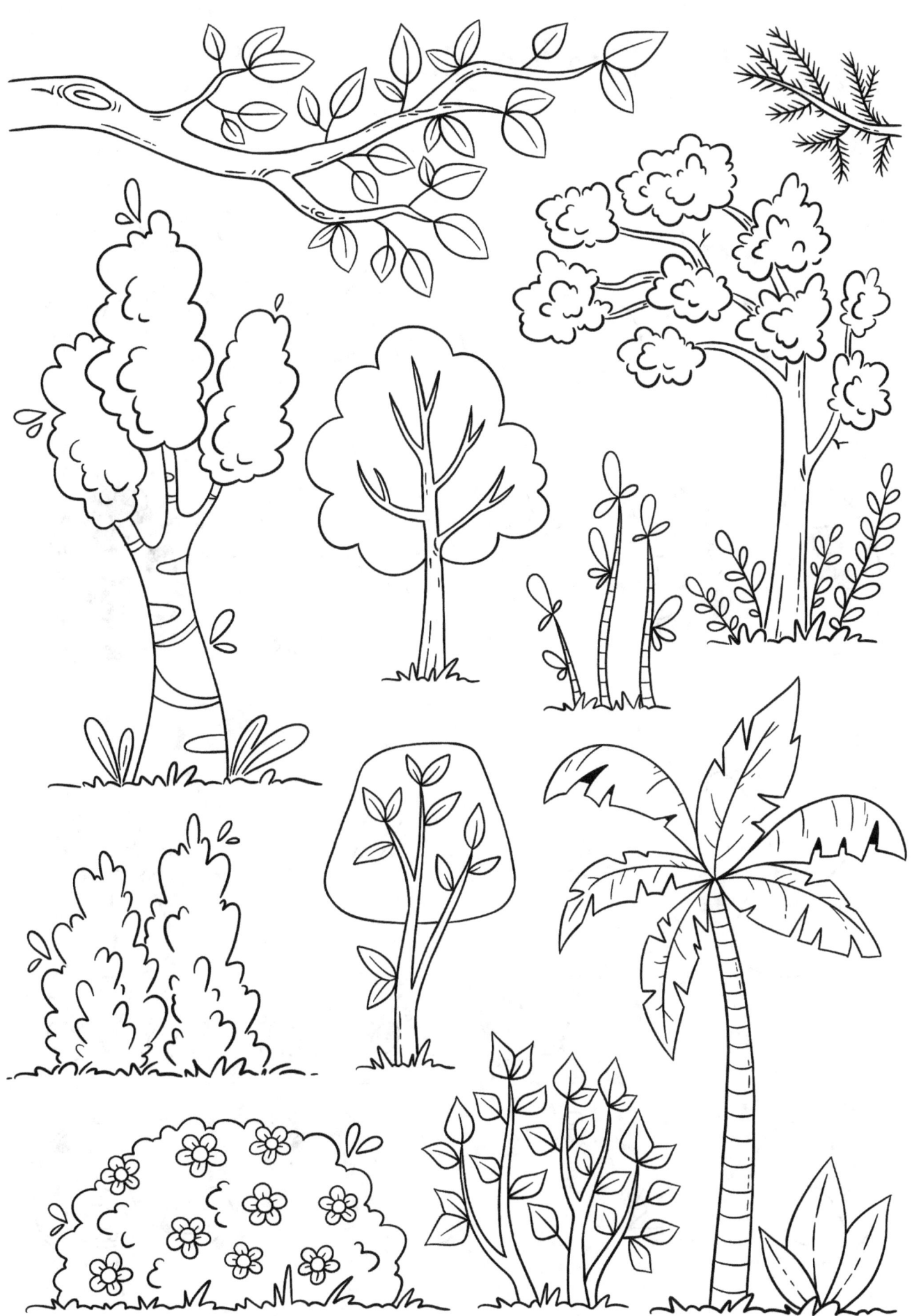

Natur & Jahreszeiten - Pflanzen 41

Frühling

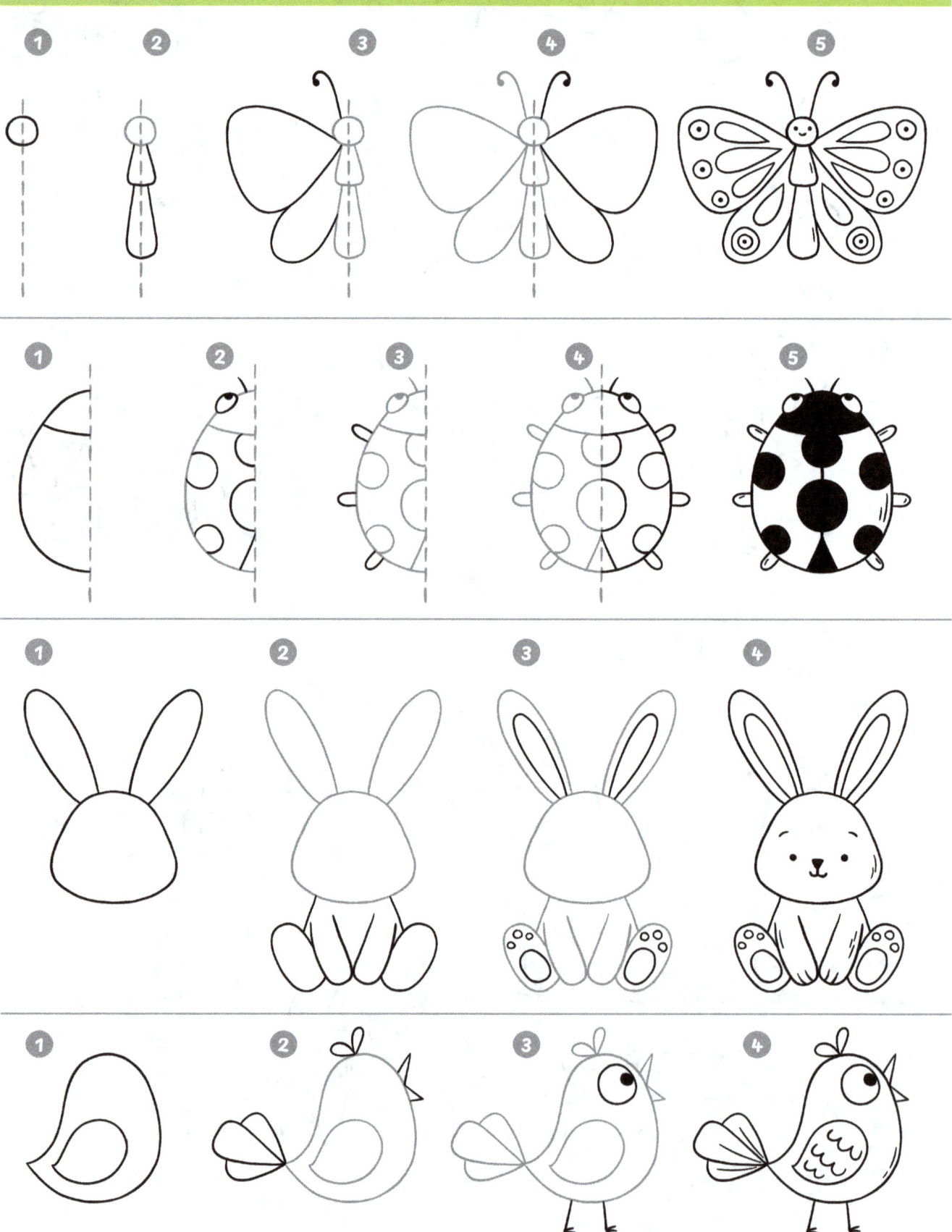

Natur & Jahreszeiten - Frühling

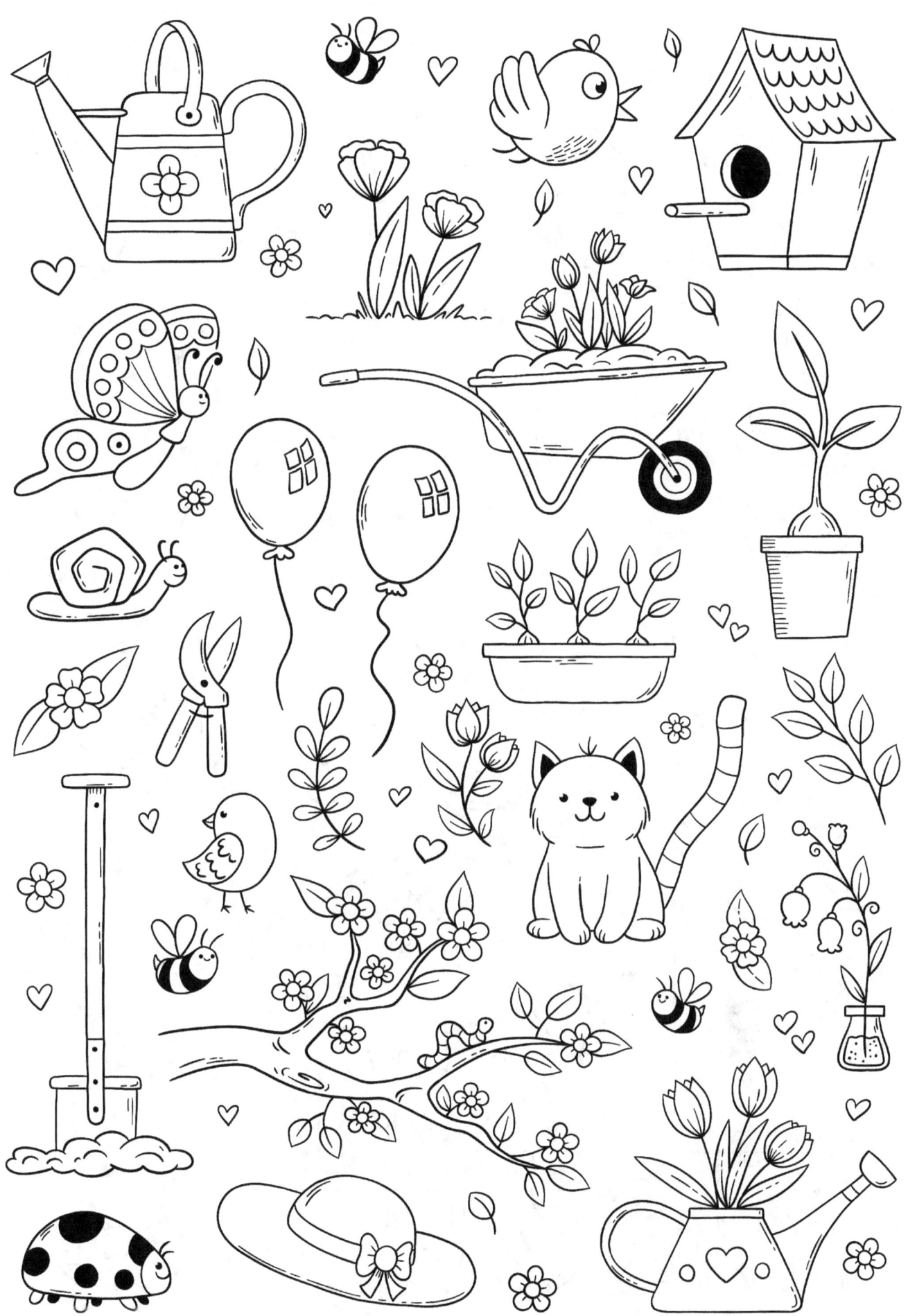

Natur & Jahreszeiten – Frühling

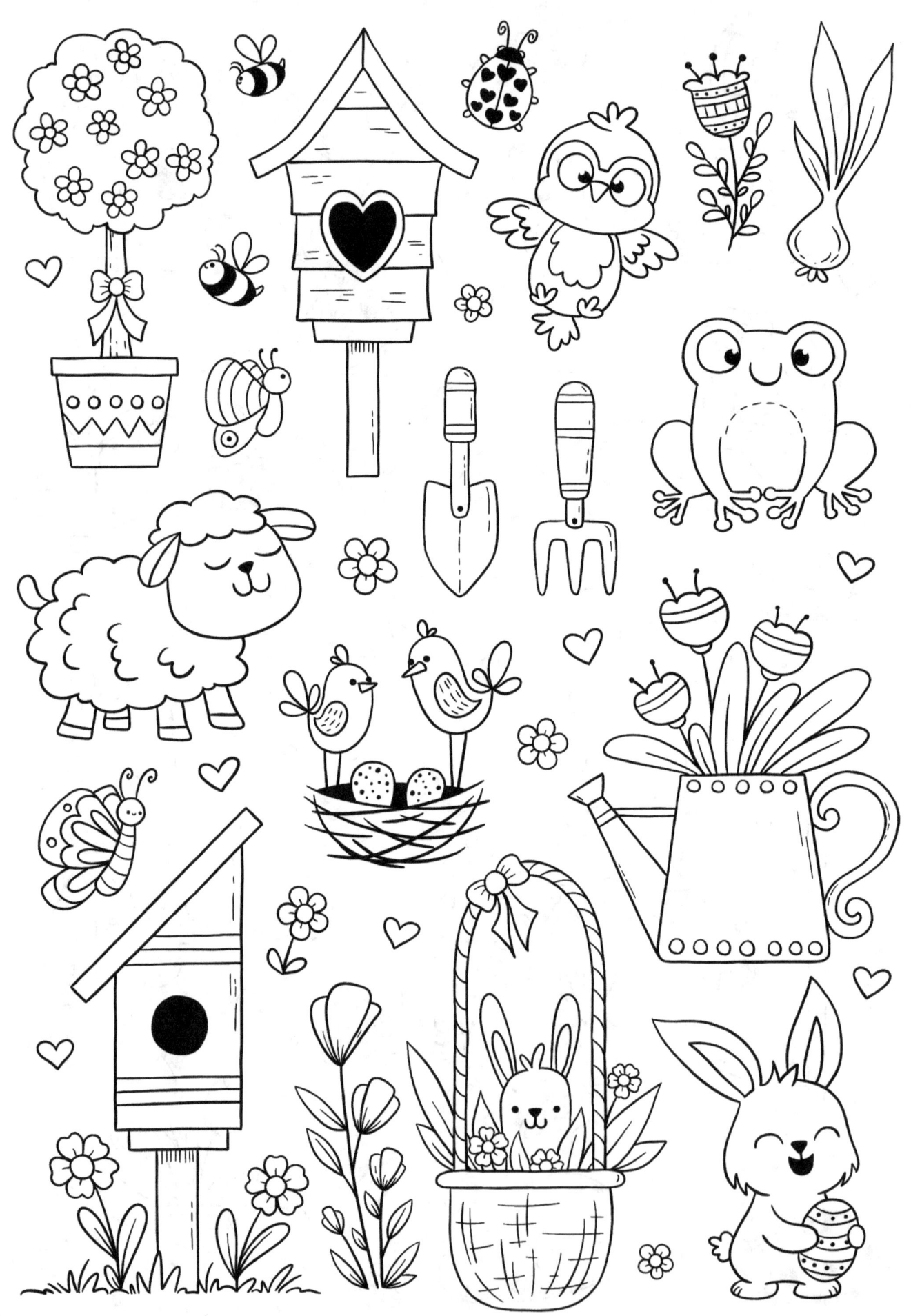

Natur & Jahreszeiten - Frühling

Sommer

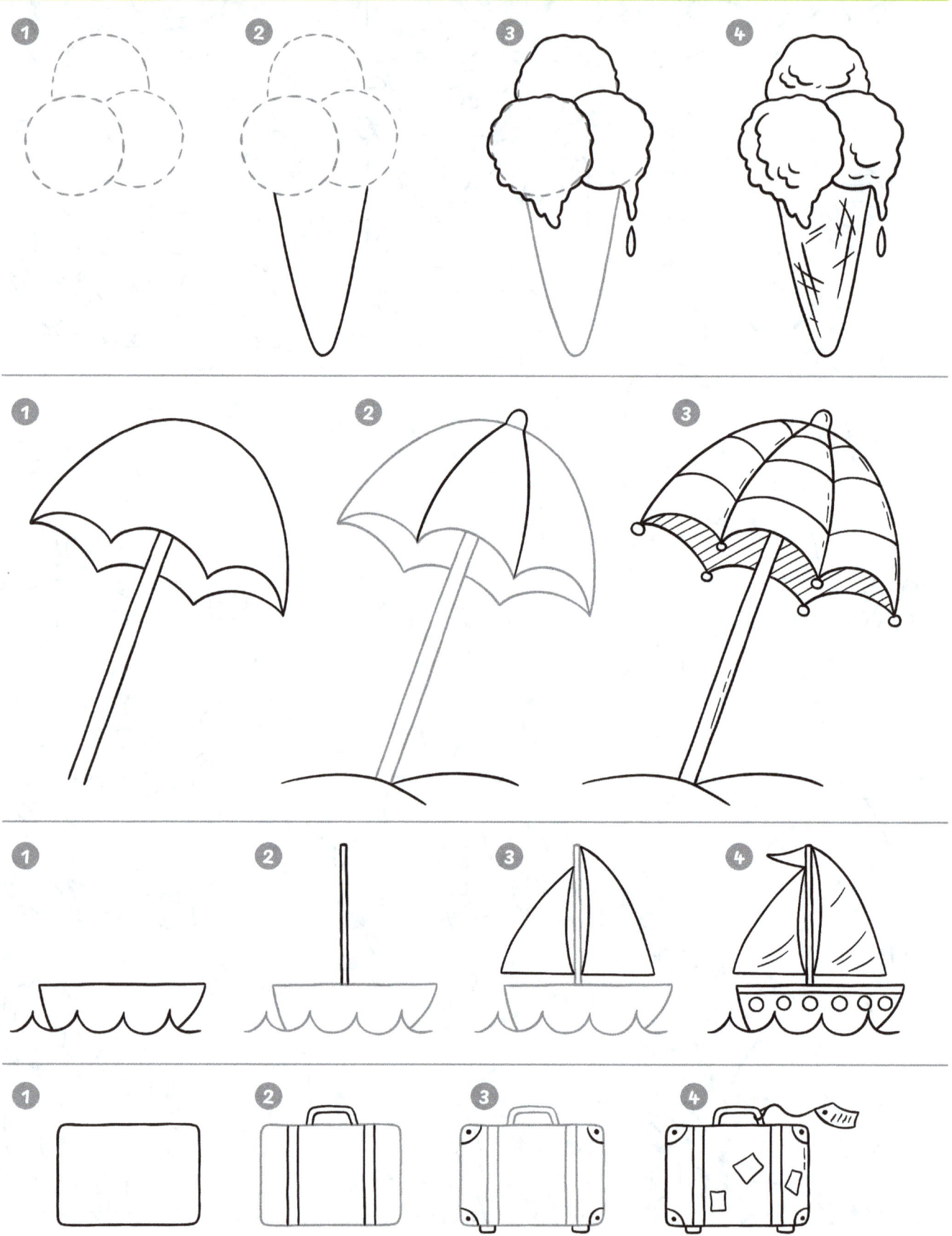

Natur & Jahreszeiten – Sommer

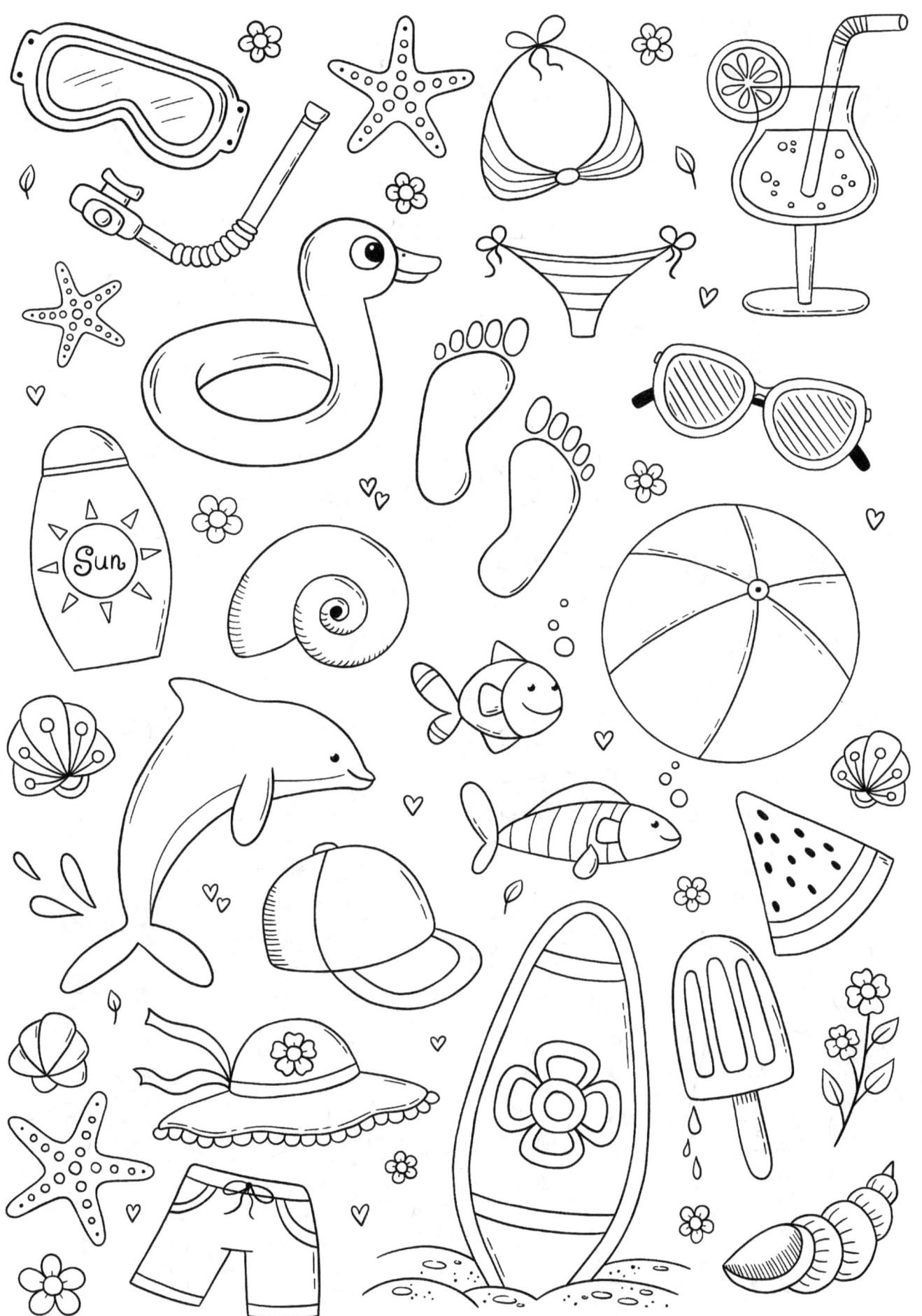

Natur & Jahreszeiten - Sommer 47

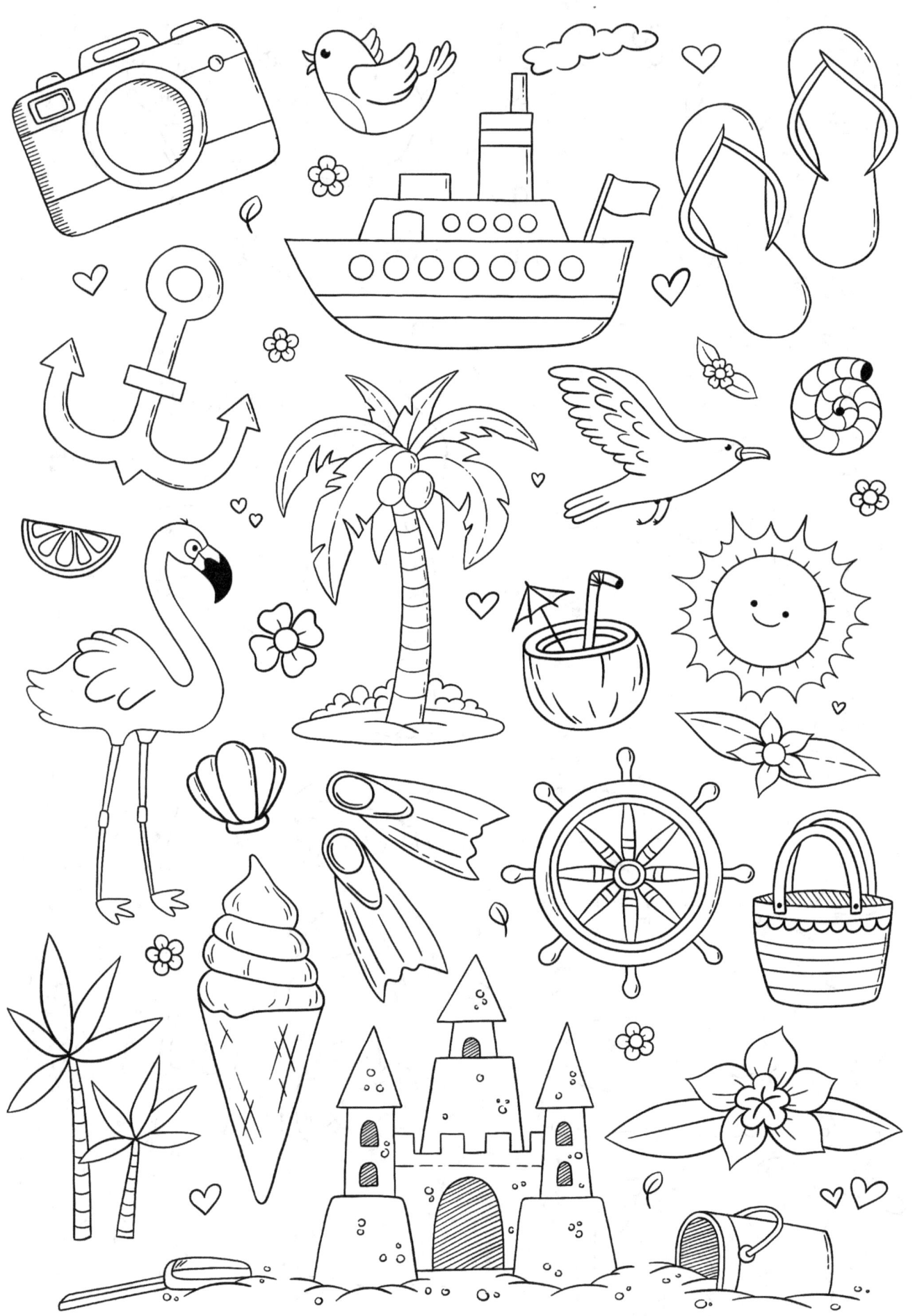

Natur & Jahreszeiten - Sommer

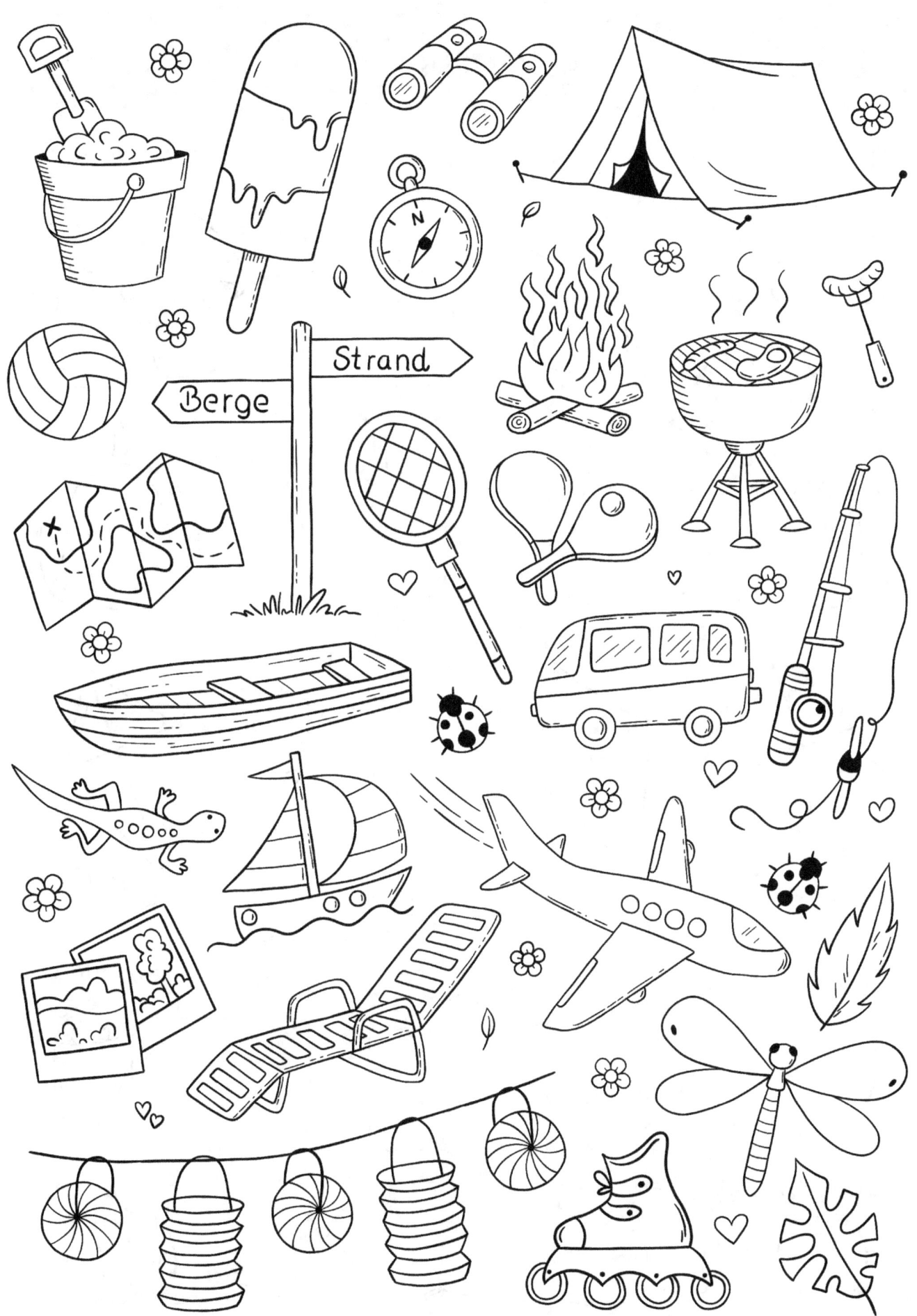

Natur & Jahreszeiten - Sommer

Herbst

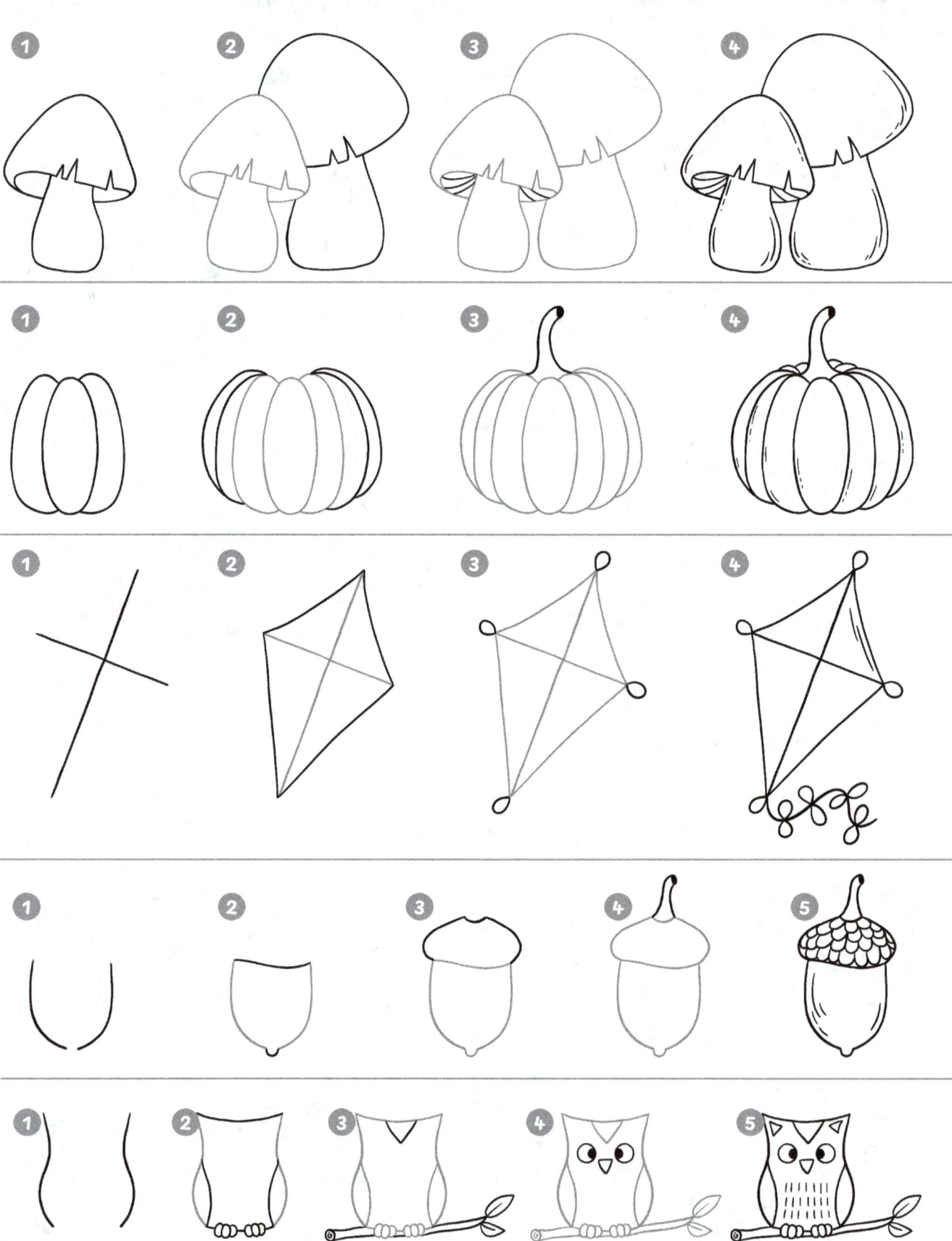

Natur & Jahreszeiten – Herbst

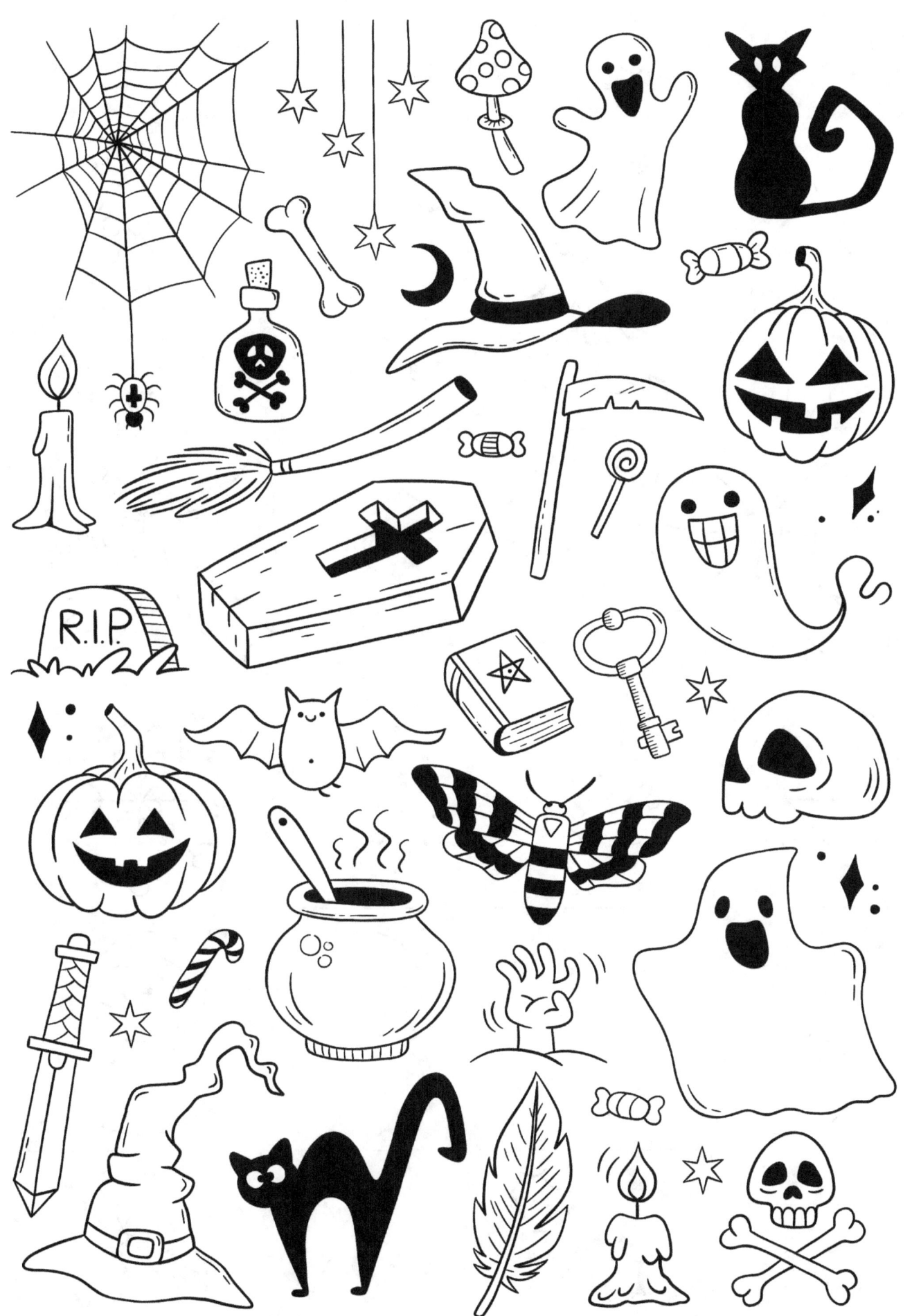

Natur & Jahreszeiten – Herbst

Winter

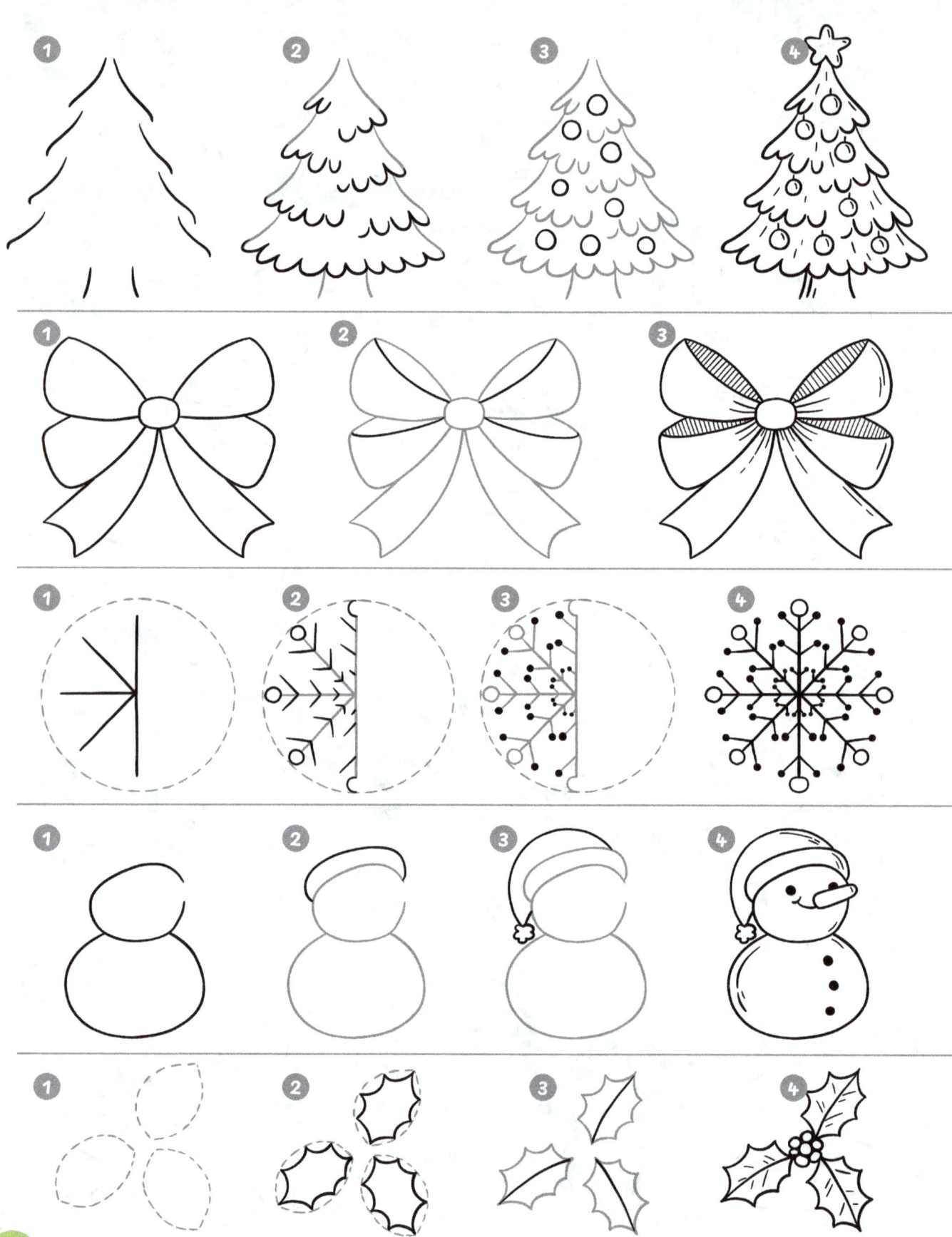

Natur & Jahreszeiten - Winter

Natur & Jahreszeiten - Winter

Wetter

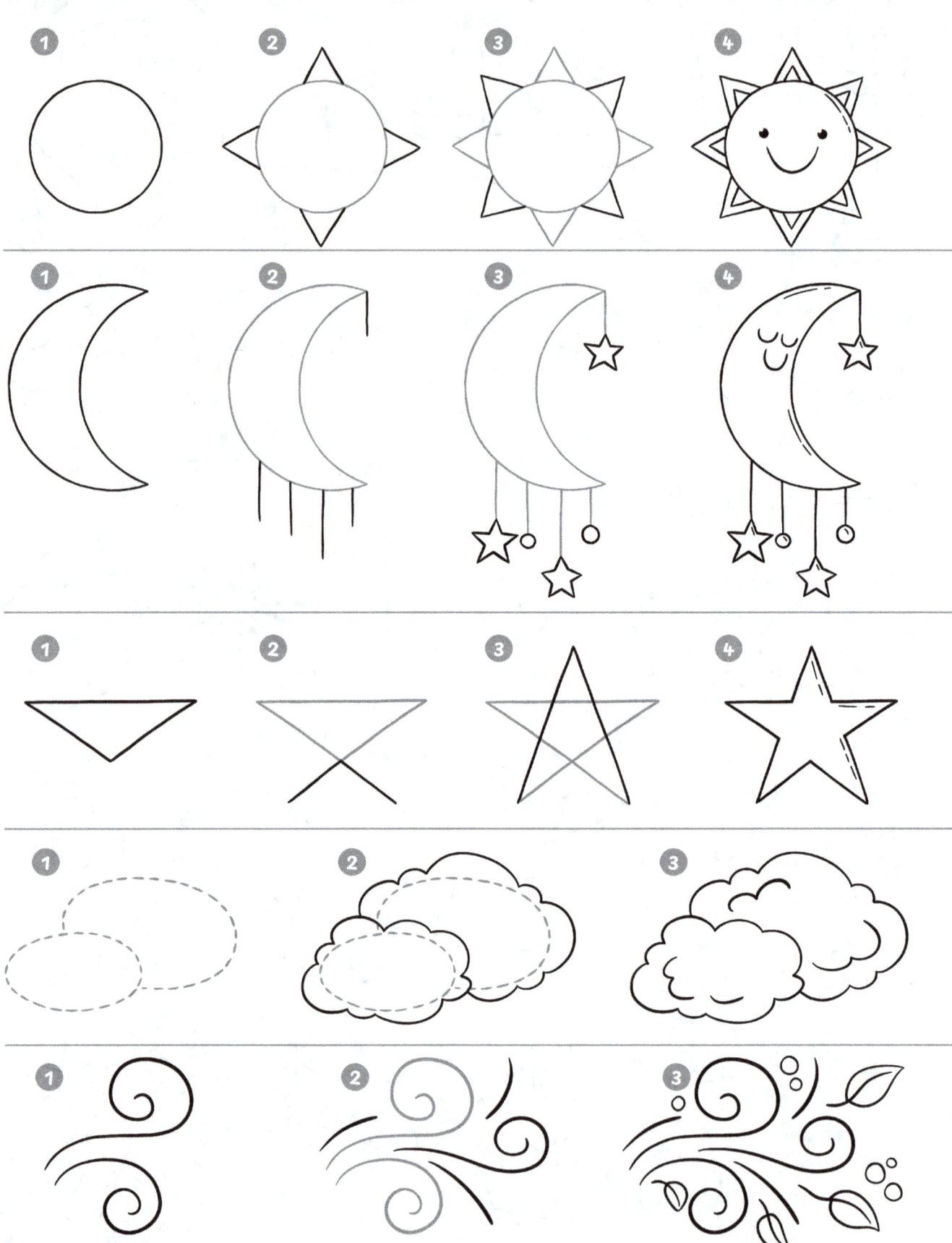

Natur & Jahreszeiten - Wetter

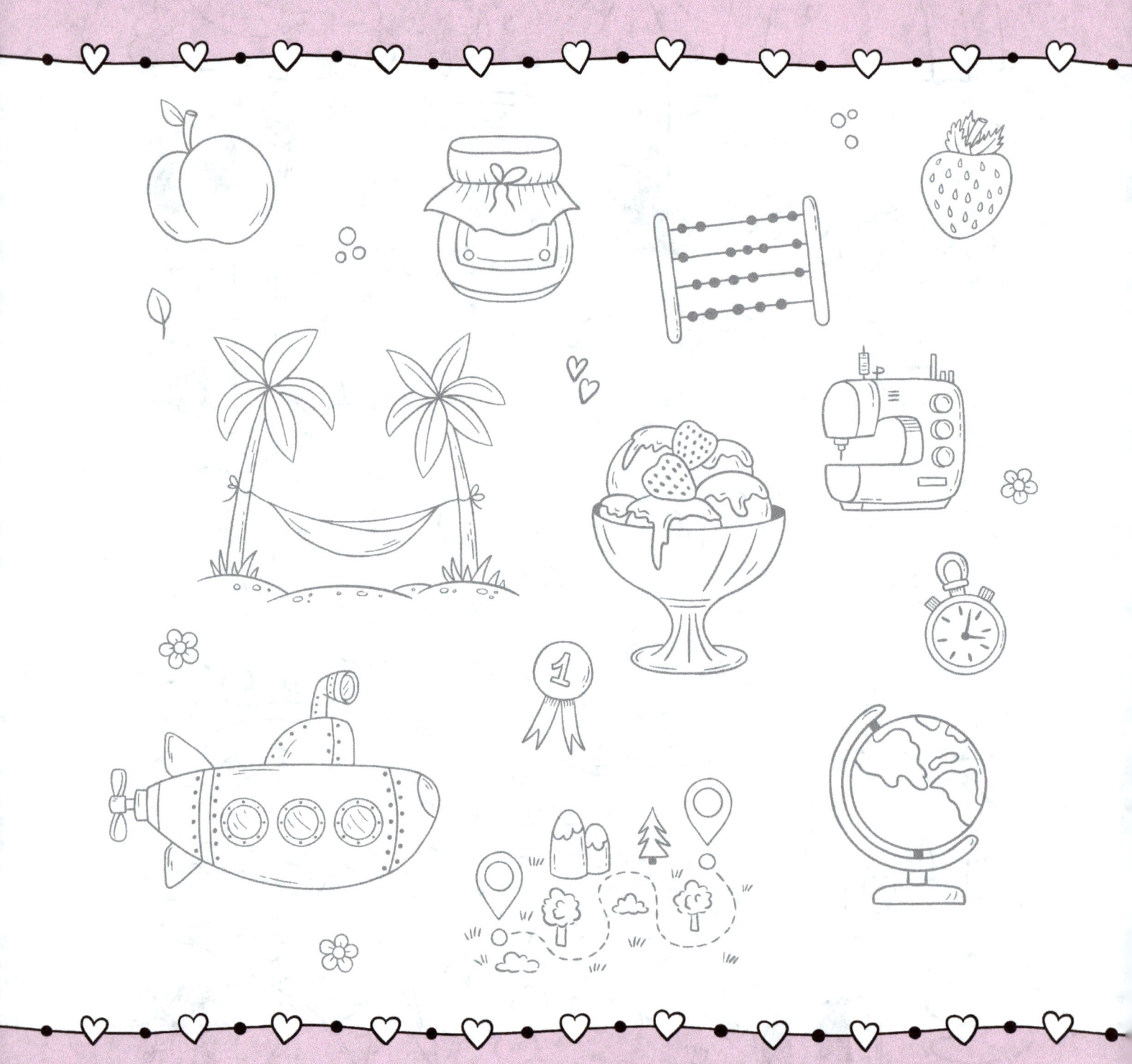

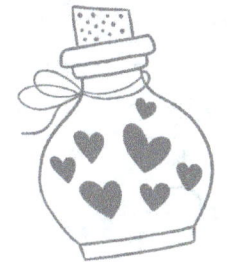

Familie & Freizeit

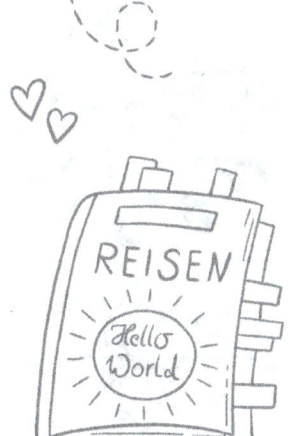
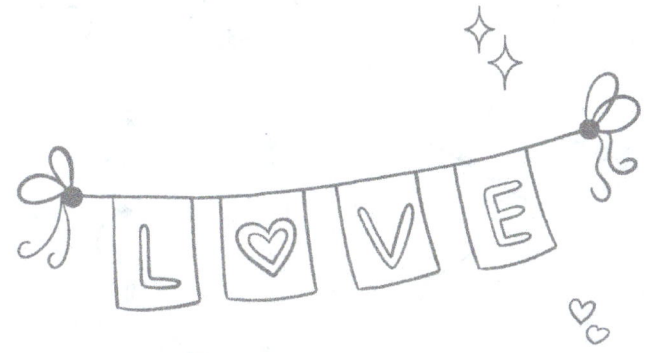

Liebe

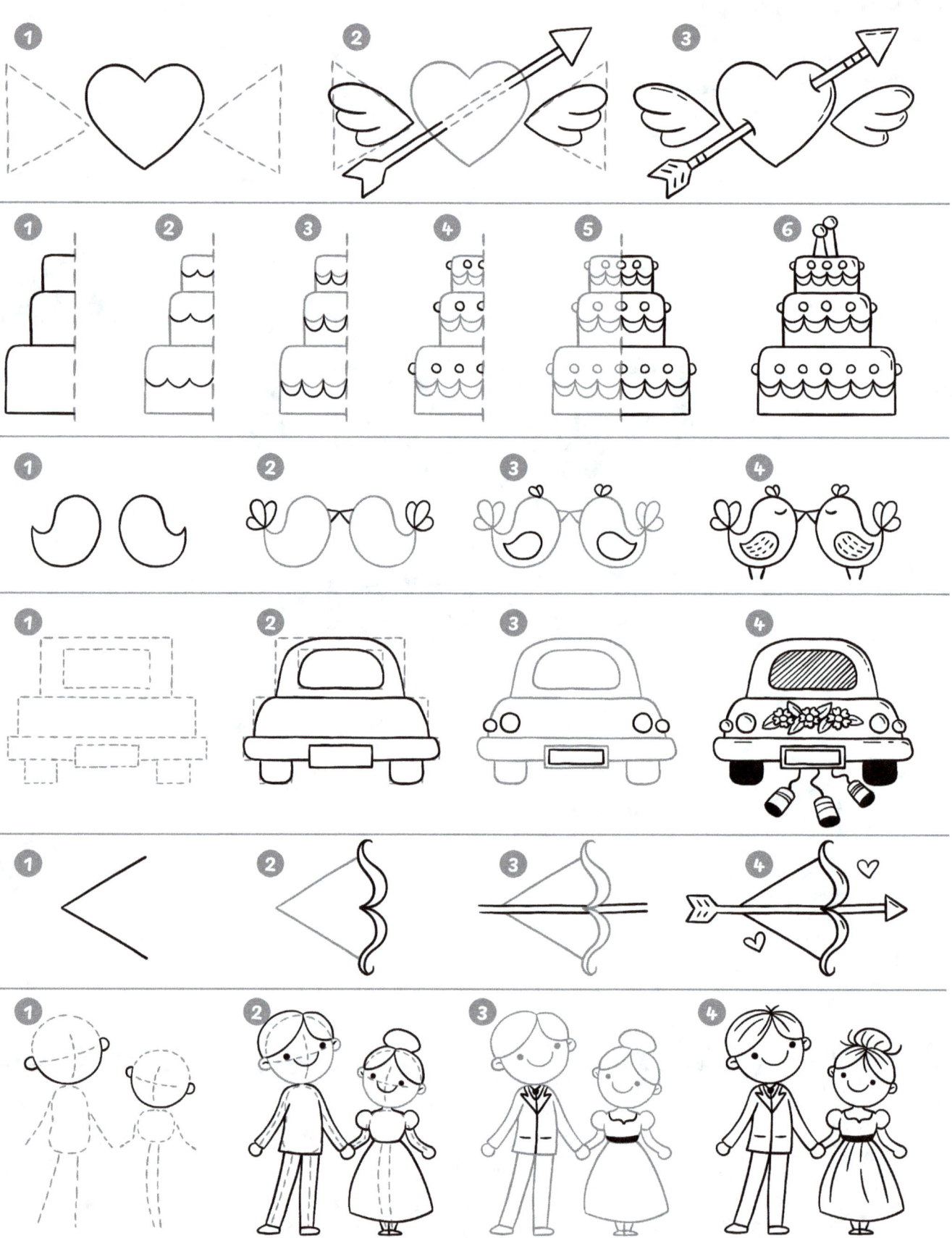

Familie & Freizeit - Liebe

Spielzeug

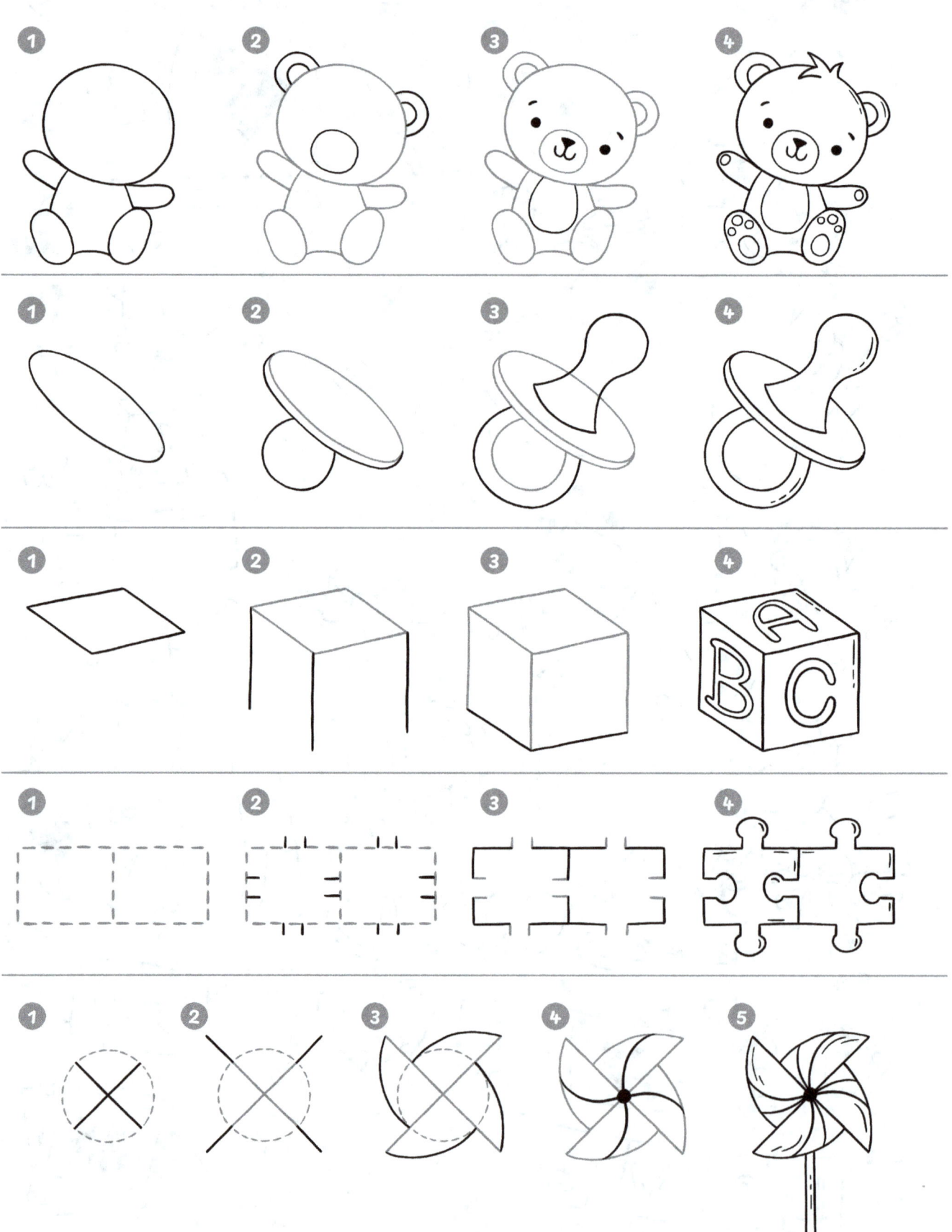

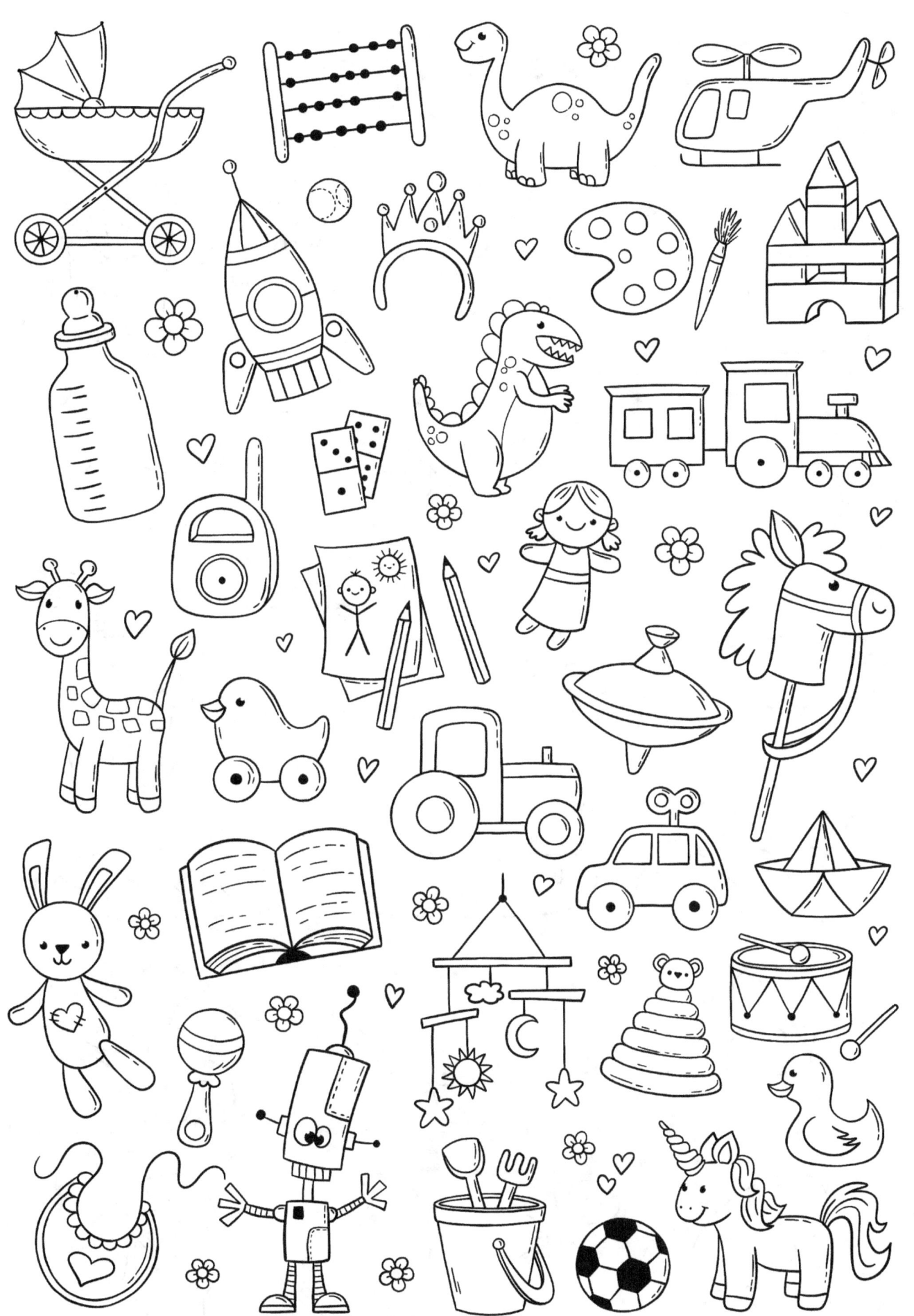

Familie & Freizeit – Spielzeug

Essen & Trinken

Familie & Freizeit – Essen & Trinken

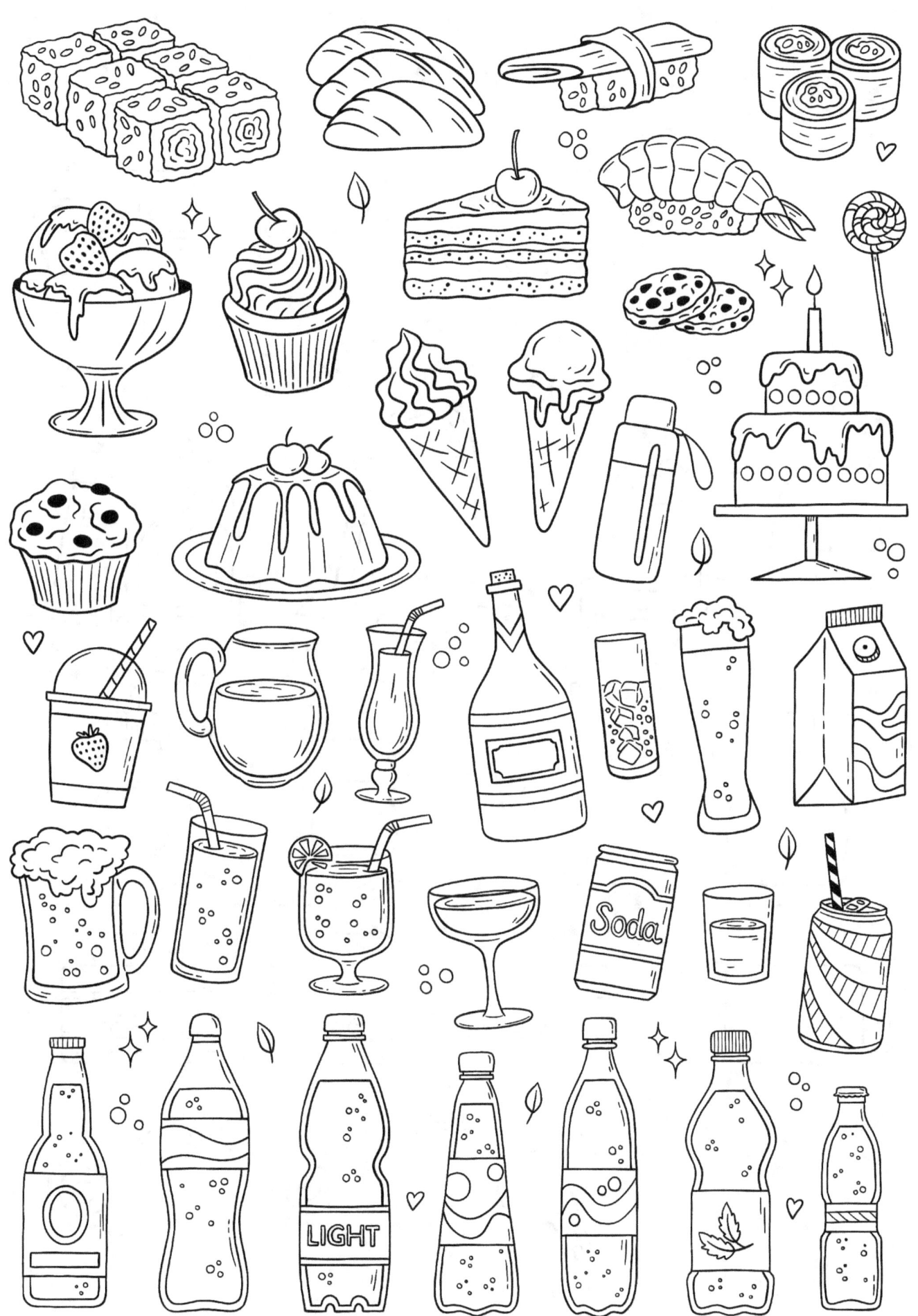

Haushalt

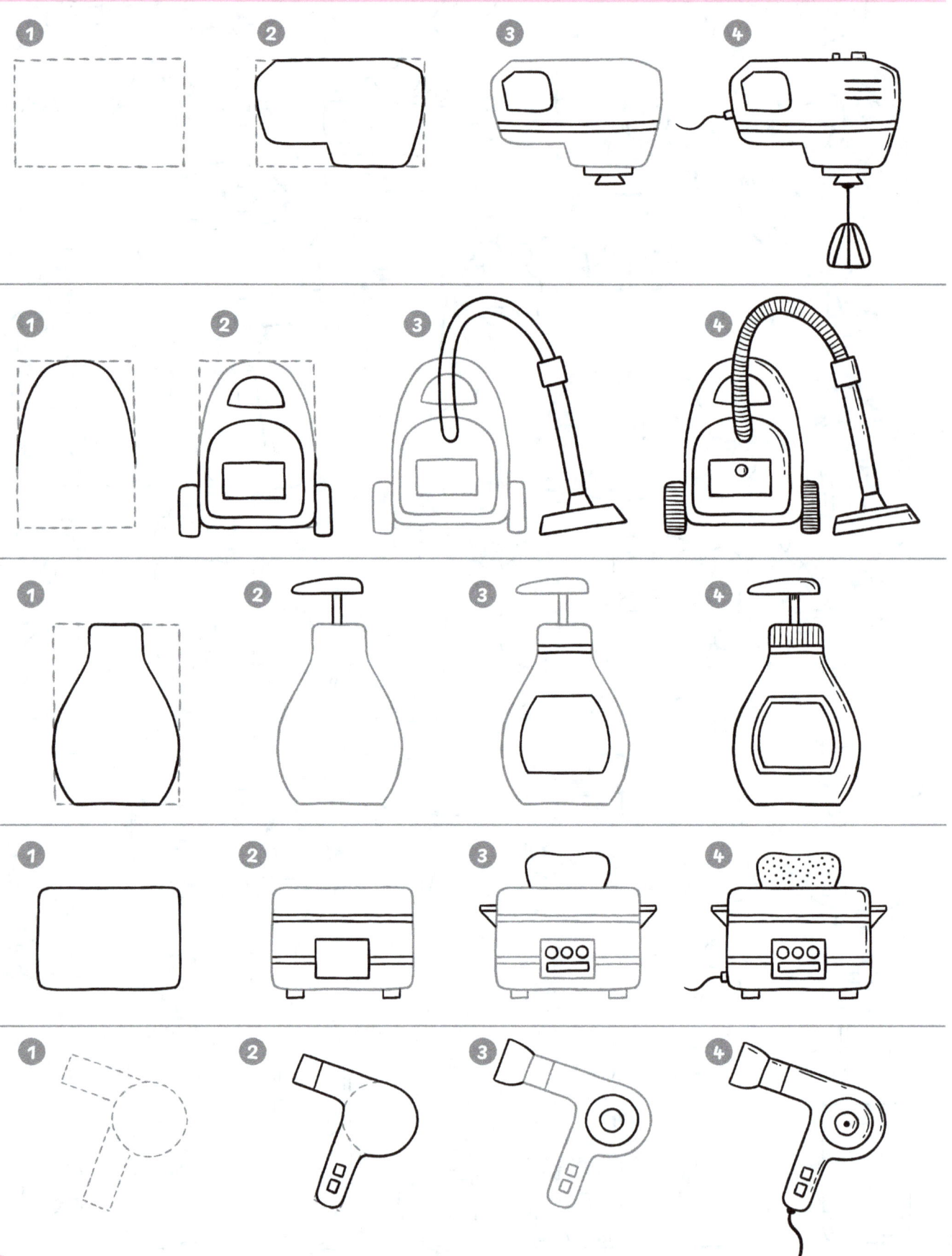

Familie & Freizeit – Haushalt

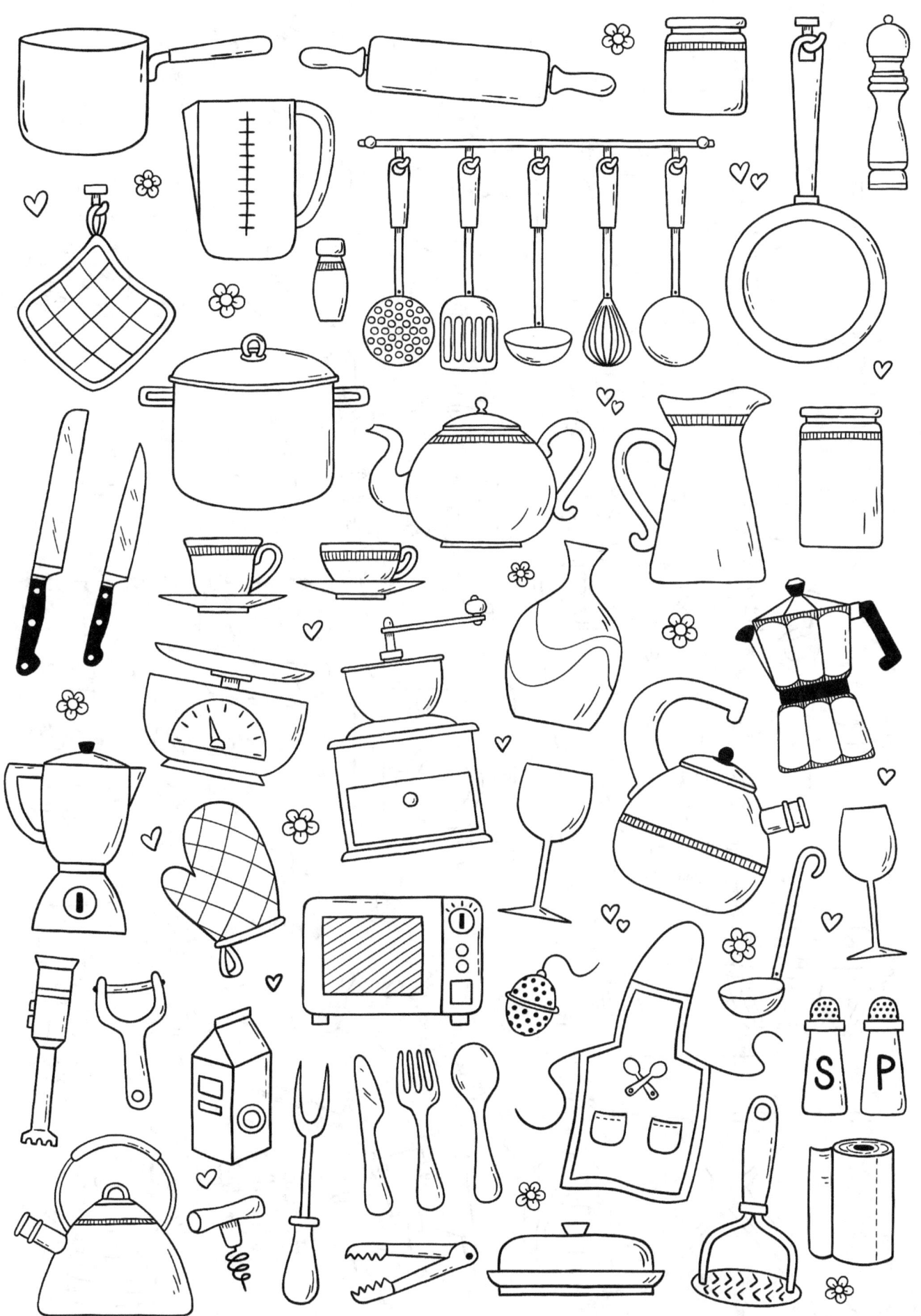

Familie & Freizeit - Haushalt

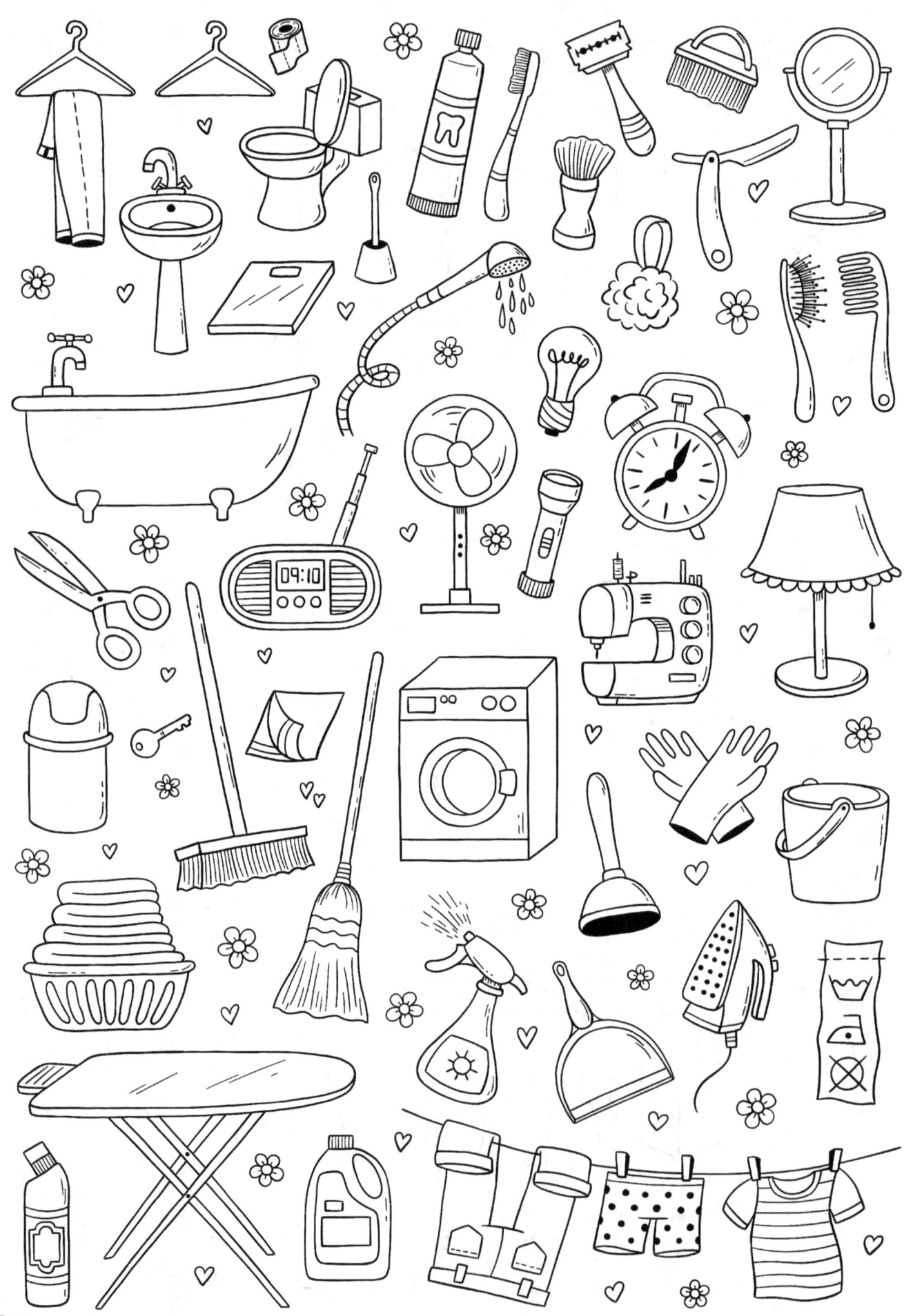

Familie & Freizeit – Haushalt

Familie & Freizeit - Haushalt

Urlaub

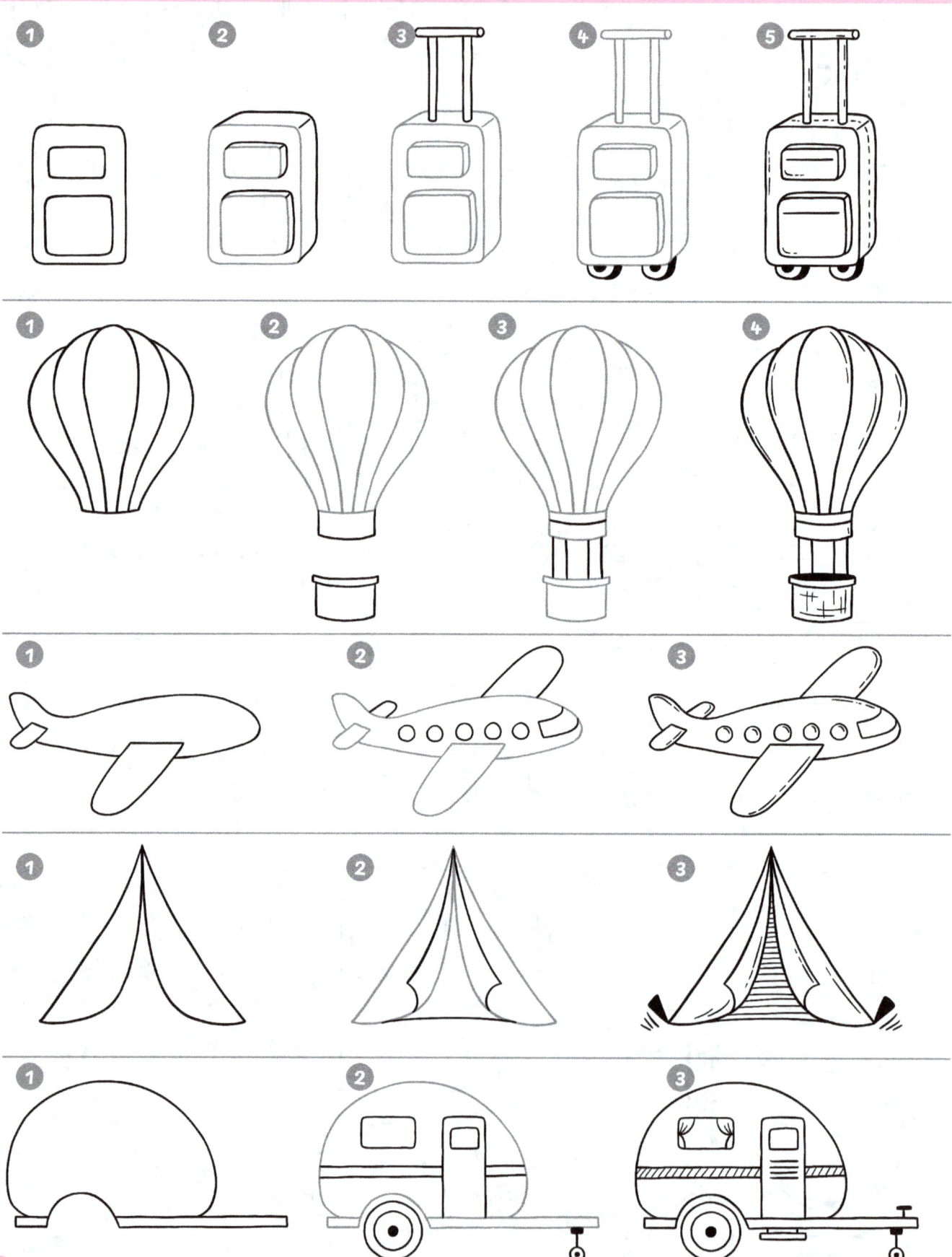

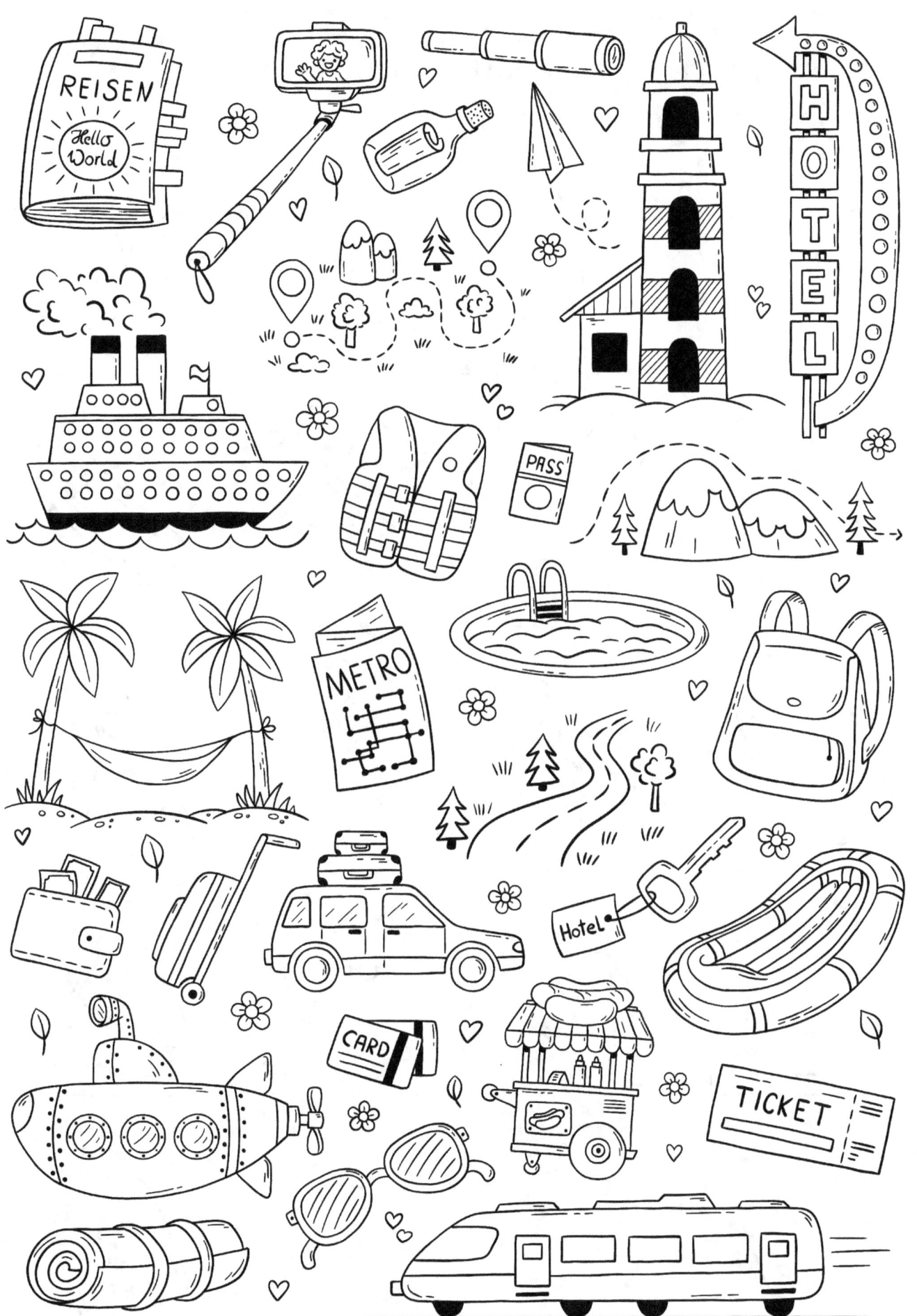

Familie & Freizeit - Urlaub

Gesundheit

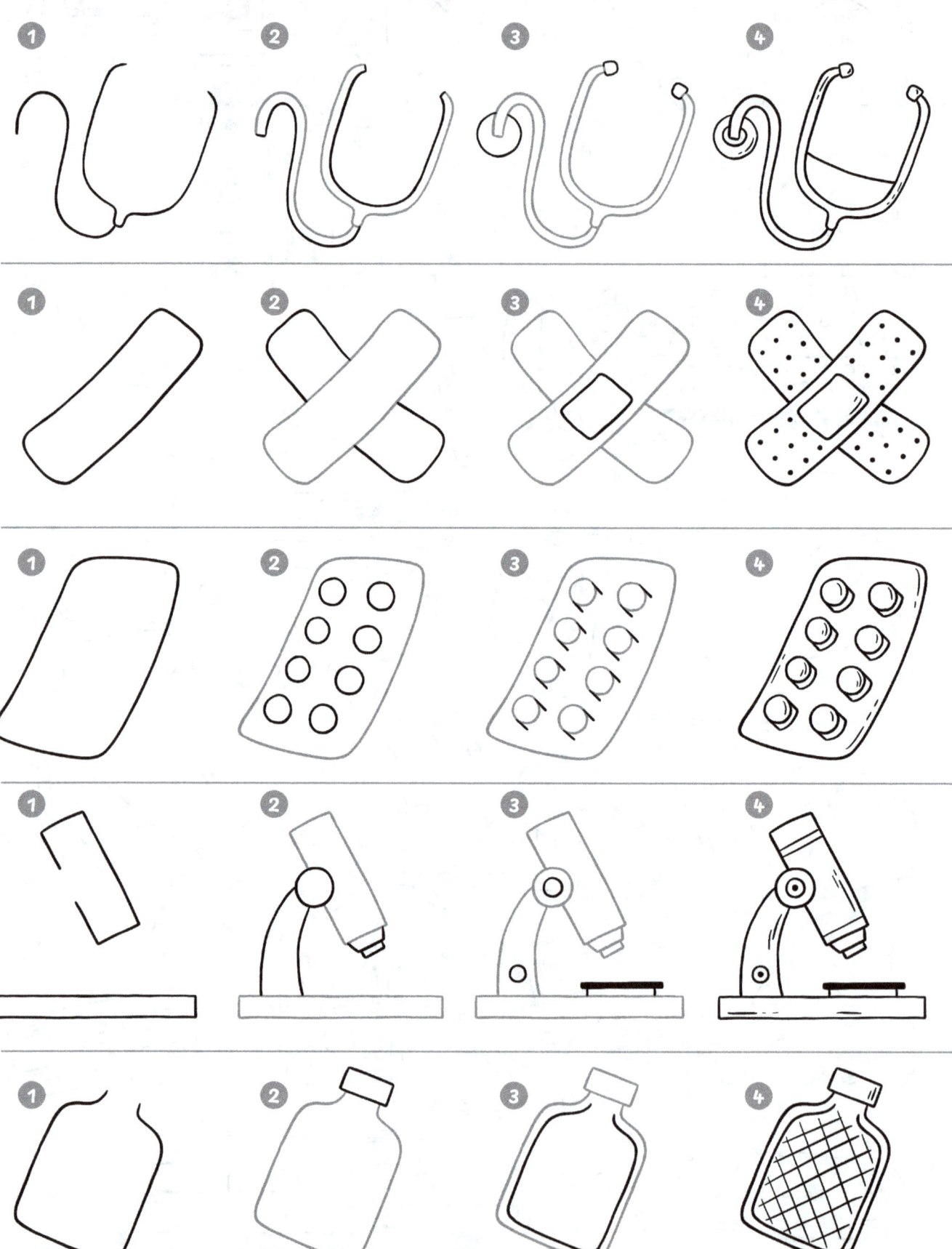

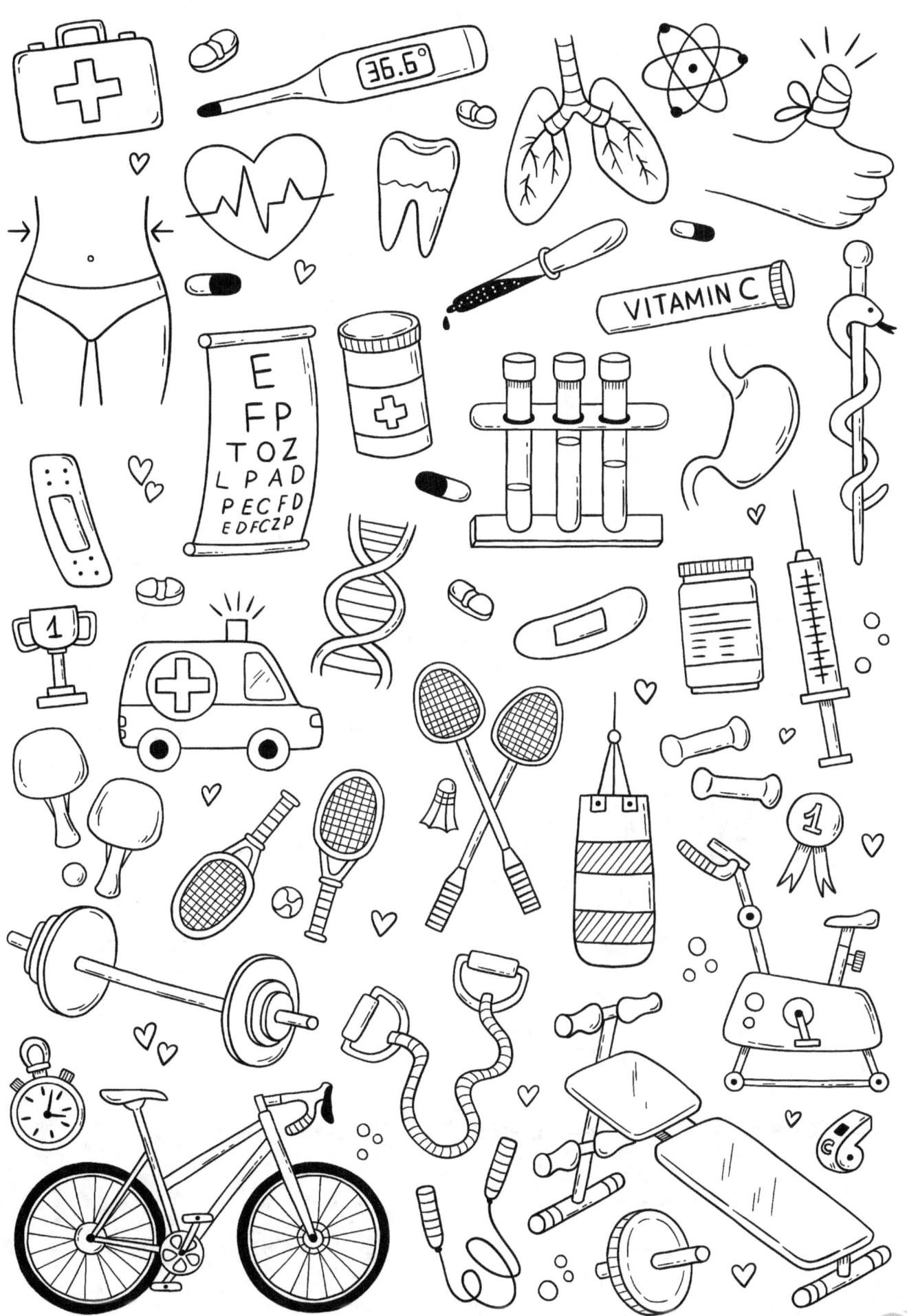

Familie & Freizeit - Gesundheit

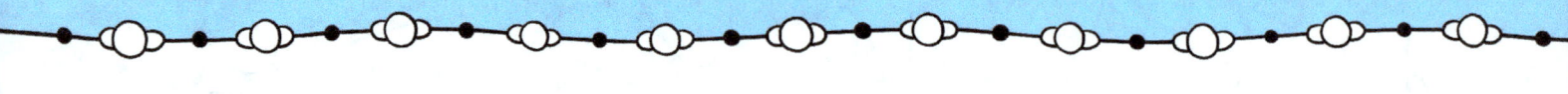

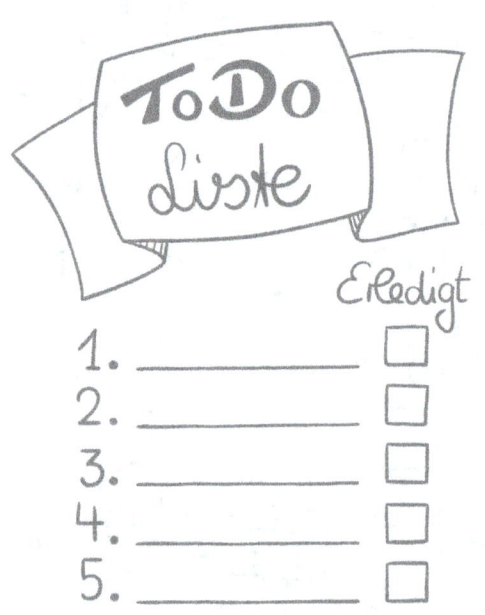
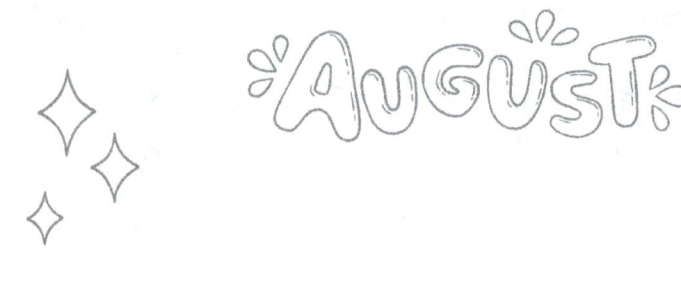
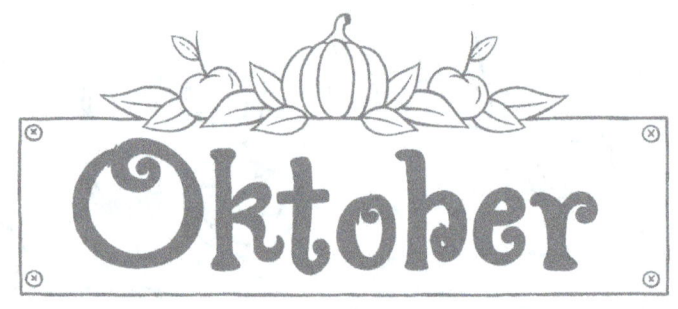

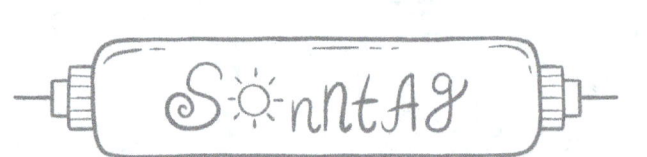
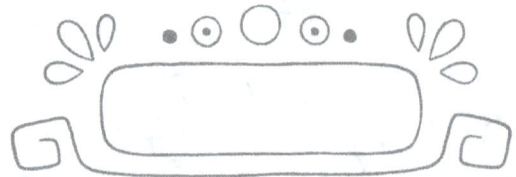

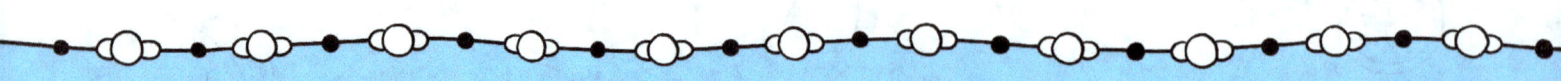

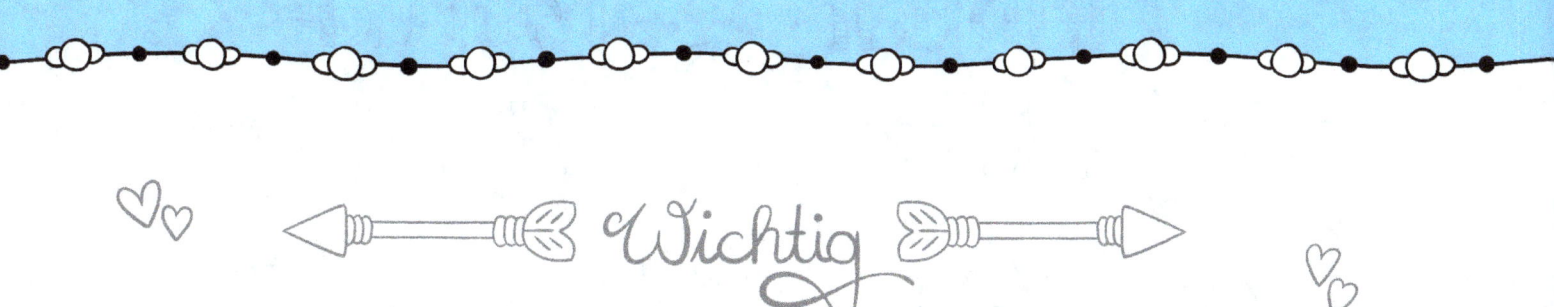

Vorlagen

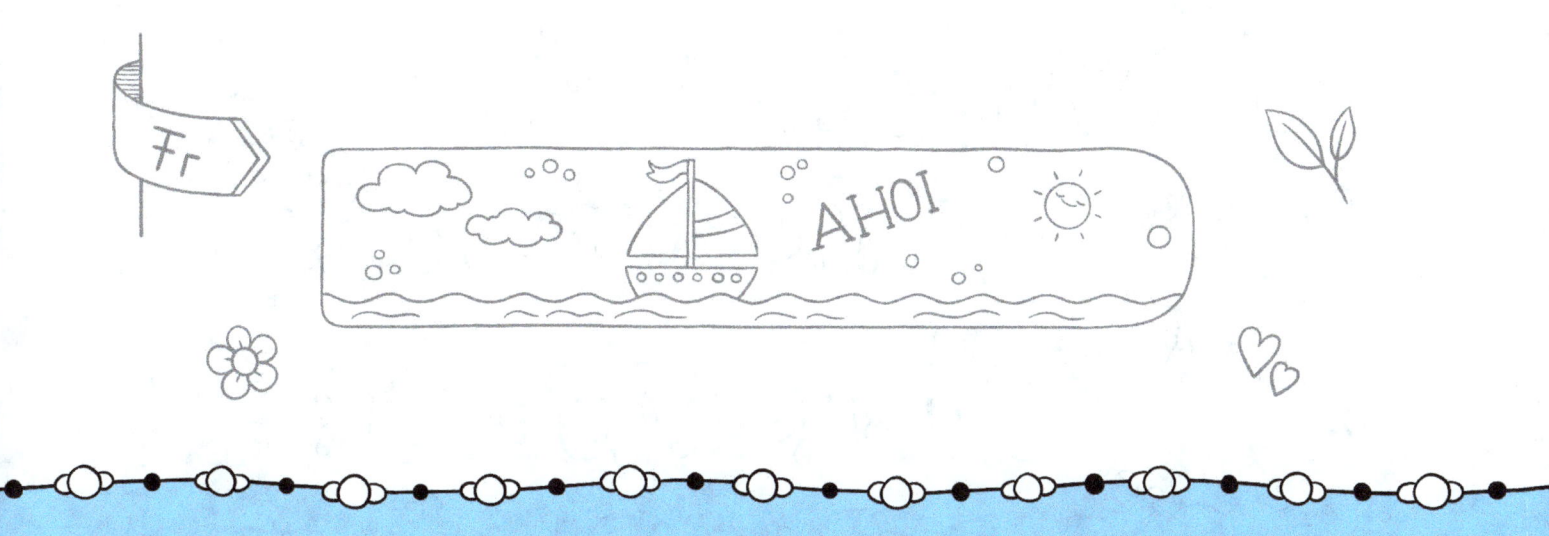

Monate

Januar   Februar
März   April
Mai   Juni
Juli   August
September   Oktober
November   Dezember

JANUAR   FEBRUAR
MÄRZ   APRIL
MAI   JUNI
JULI   AUGUST
SEPTEMBER   OKTOBER
NOVEMBER   DEZEMBER

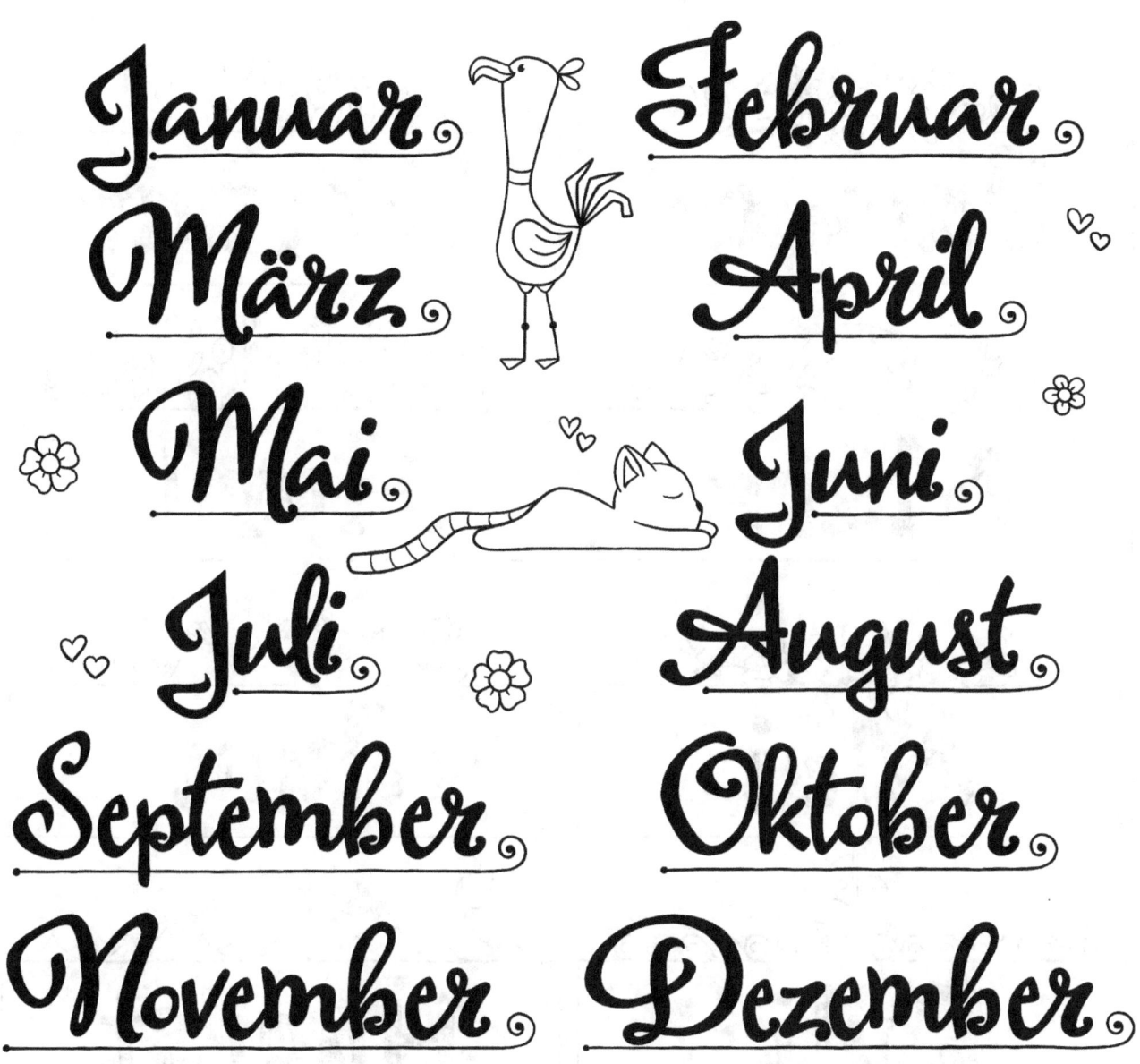

Vorlagen - Monate

Januar Februar
März April
Mai Juni
Juli August
September Oktober
November Dezember

Vorlagen – Monate

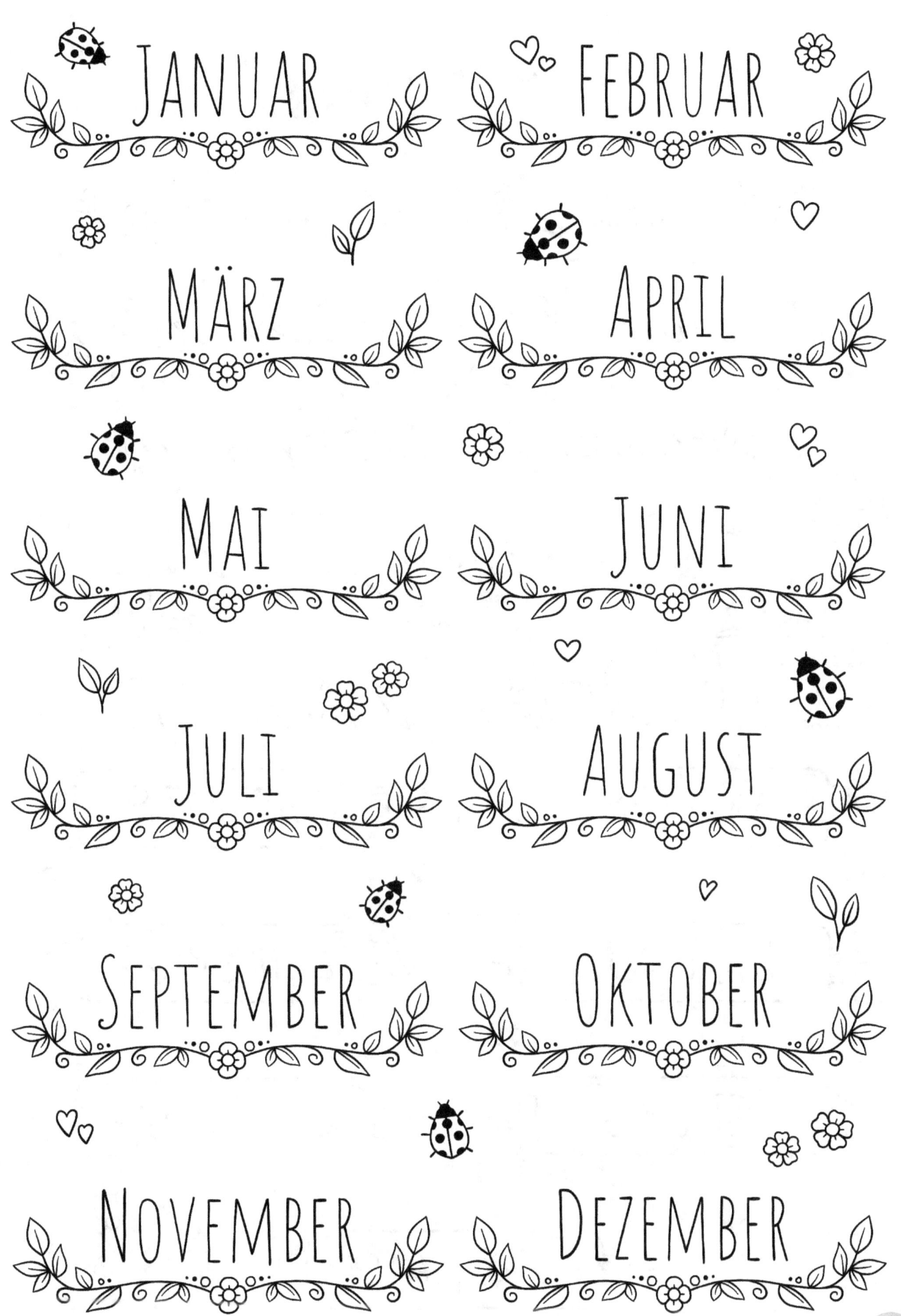

Wochentage

Montag   *Dienstag*

Mittwoch   *Donnerstag*

Freitag   *Samstag*

Sonntag

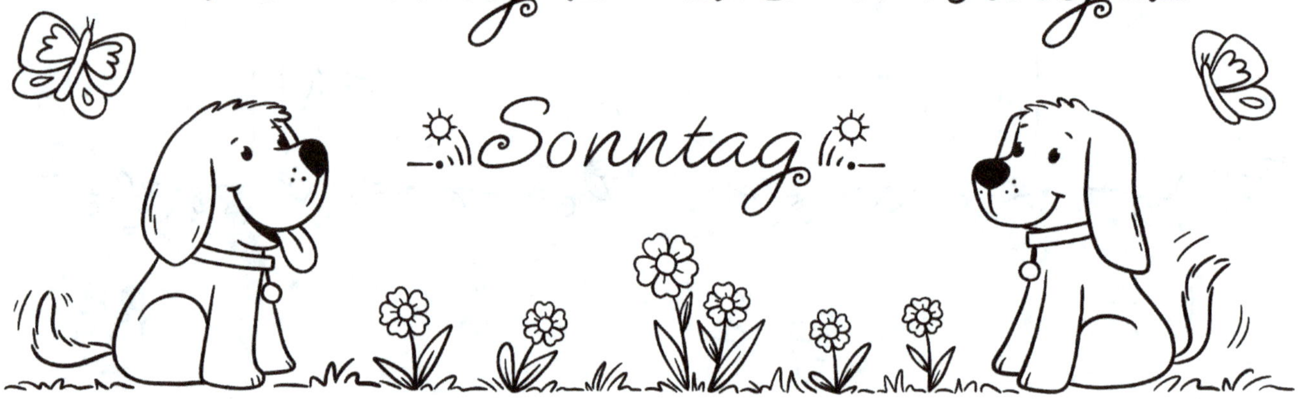

MONTAG   DIENSTAG

MittWoch   DoNNeRstag

FREitaG   SaMMstag

Sonntag

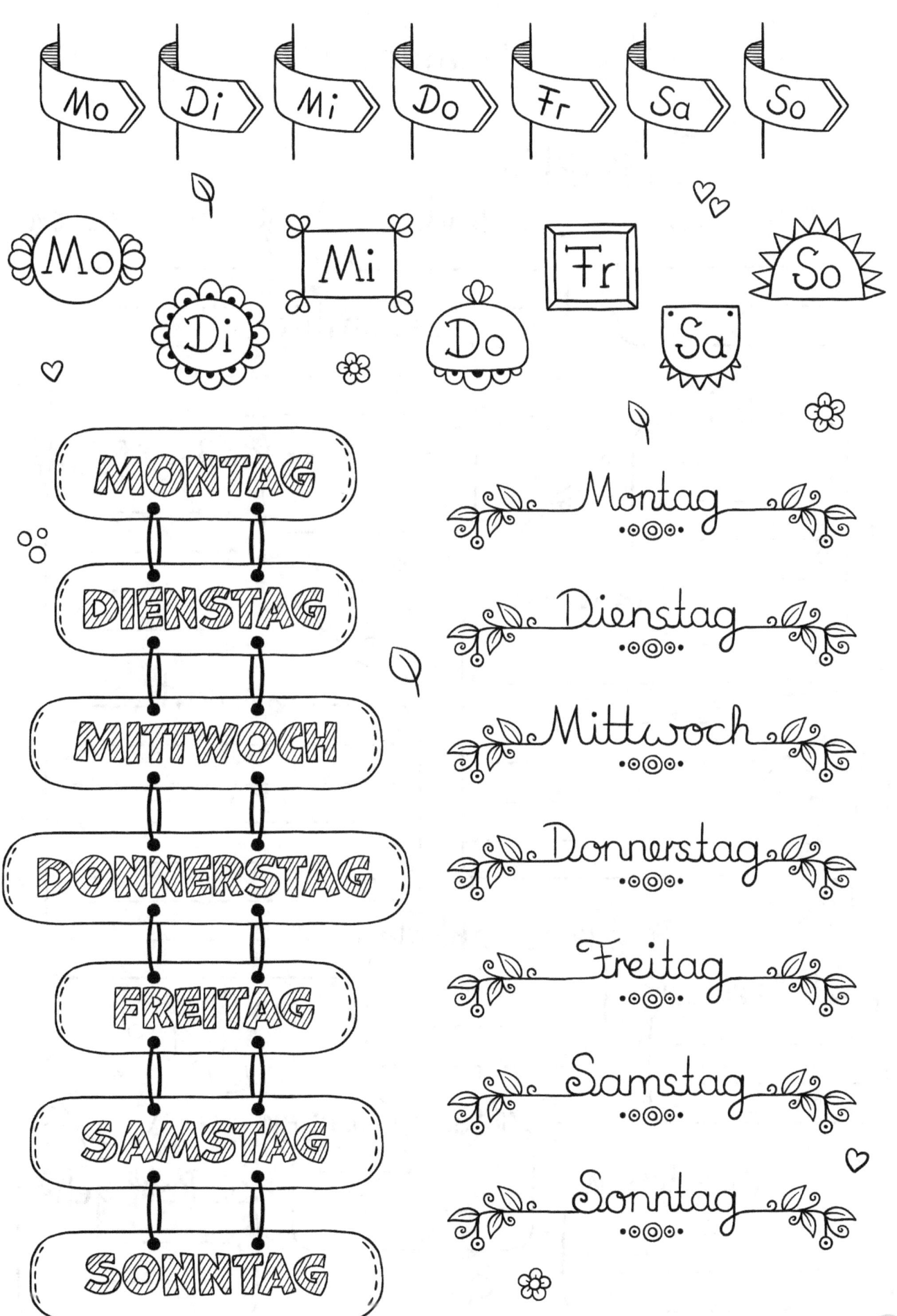

Vorlagen - Wochentage

Planer

Tagesplan

Aufstehen

Bad

Kinder wecken

Frühstück

Arbeit

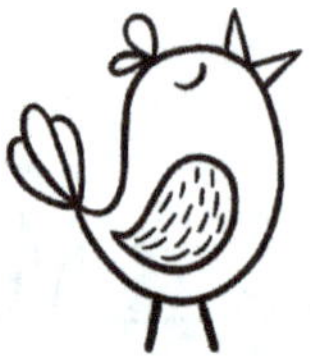

Kinder/Schule

Einkaufen

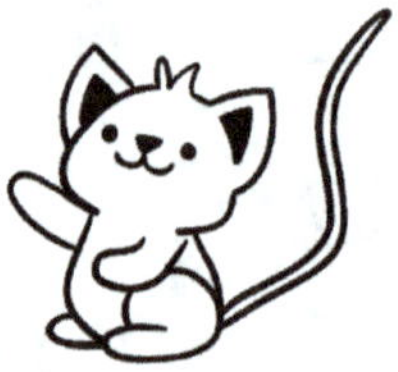

Haushalt

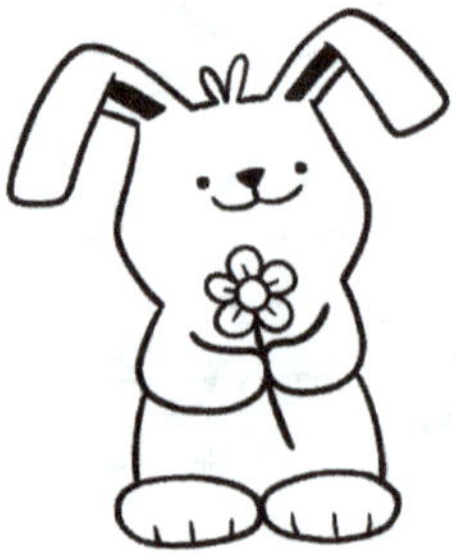

Kinder abholen

Sport/Freizeit

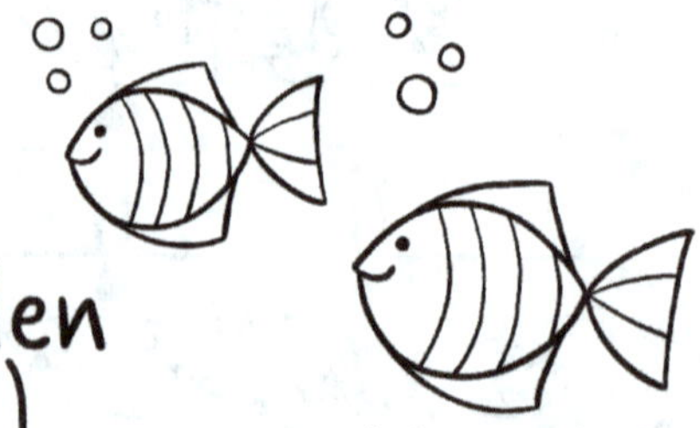

Fernsehn/Spielen

Abendessen

Zu Bett gehen

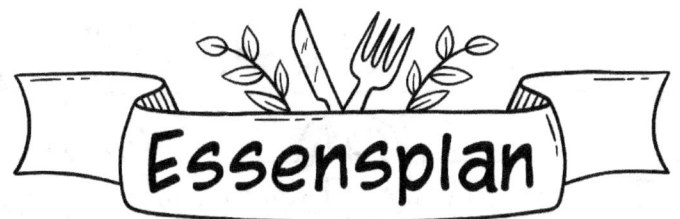

Essensplan

	Frühstück	Mittagessen	Abendessen
Mo			
Di			
Mi			
Do			
Fr			
Sa			
So			

Geburtstagskalender

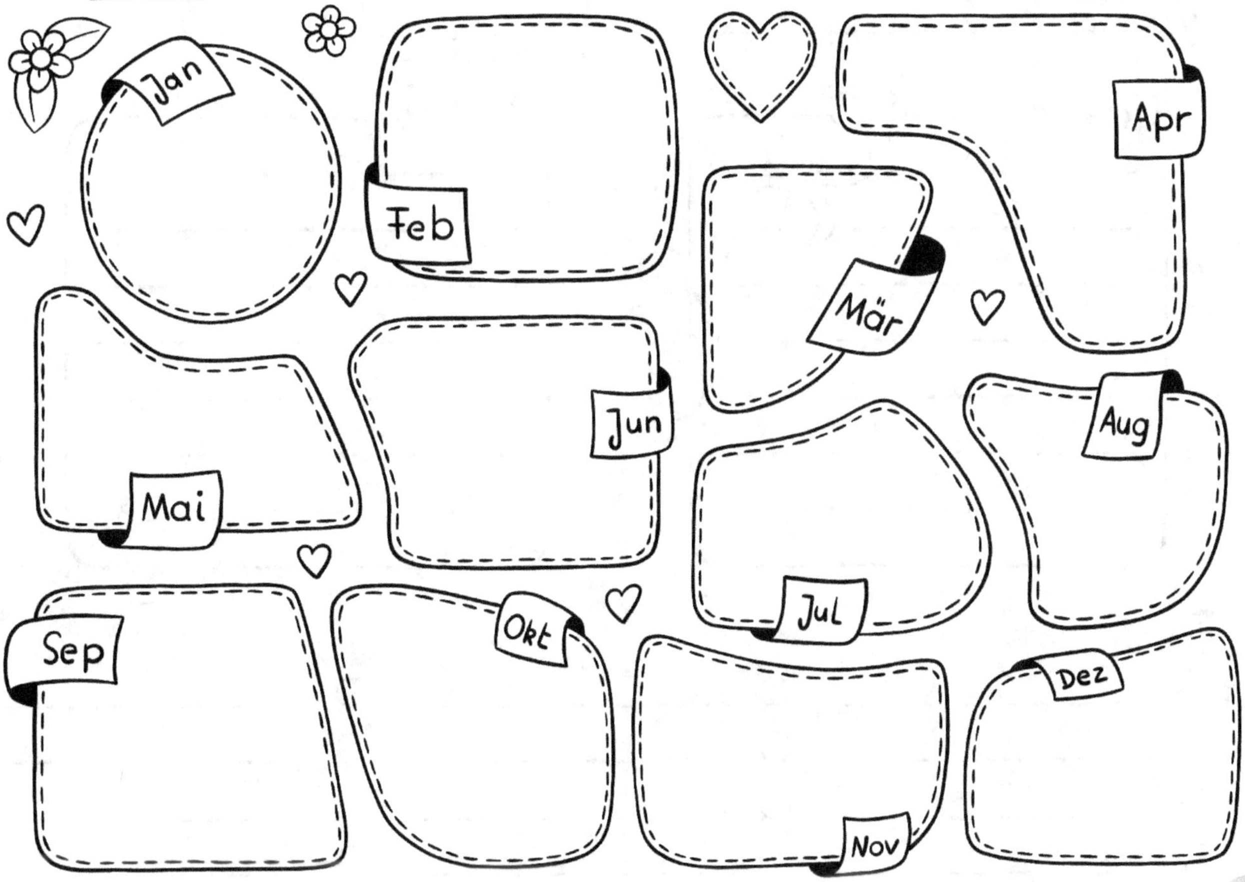

Jan · Feb · Mär · Apr · Mai · Jun · Jul · Aug · Sep · Okt · Nov · Dez

Vorlagen - Planer

Social Media Planer

	Datum	Thema	24 h Views	24 h Likes	48 h Views	48 h Likes	7 d Views	7 d Likes
♥								
Instagram								
Facebook								
Twitter								
Pinterest								
TikTok								

GEBURTSTAG

Wann: _____

Wo: _____

Gäste:
_____
_____
_____
_____
_____
_____
_____

Menü:
_____
_____
_____
_____
_____
_____
_____

To Do:
○ _____ ○ _____ ○ _____
○ _____ ○ _____ ○ _____
○ _____ ○ _____ ○ _____
○ _____ ○ _____ ○ _____

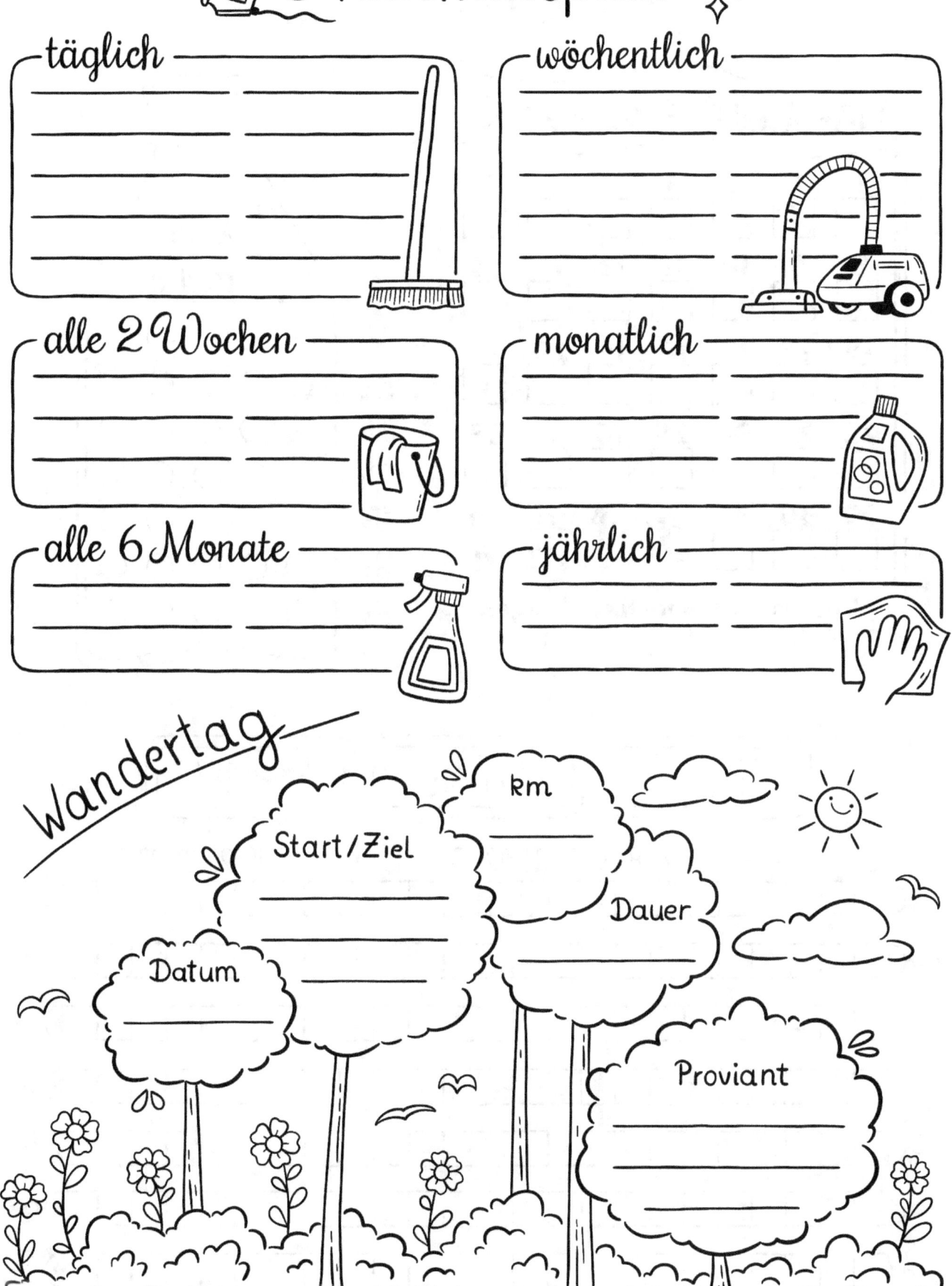

Tracker

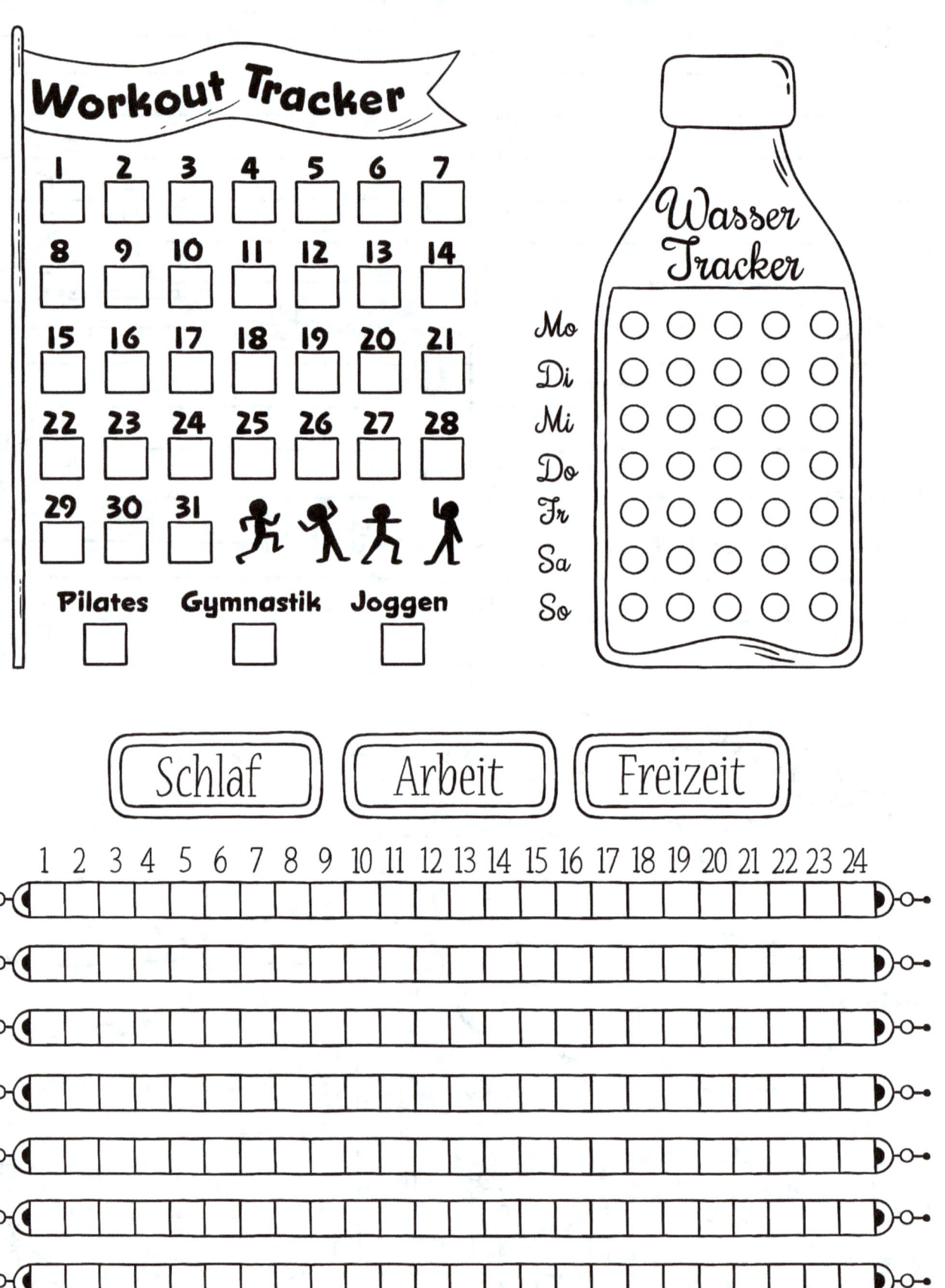

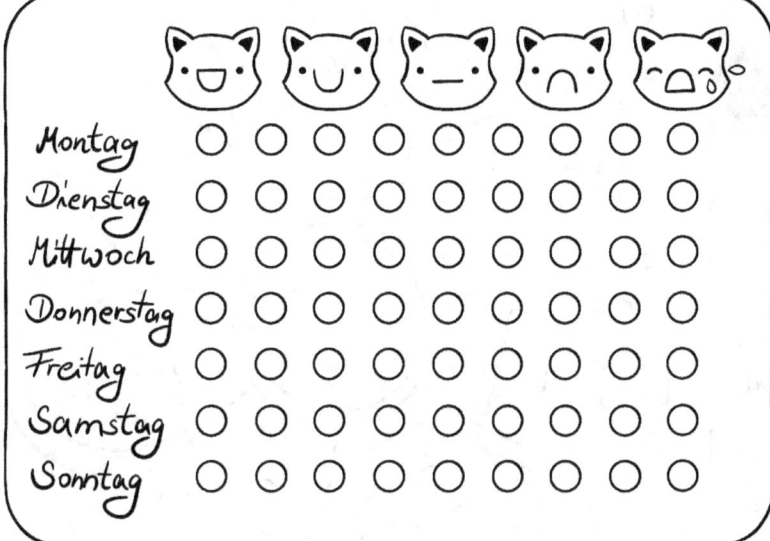
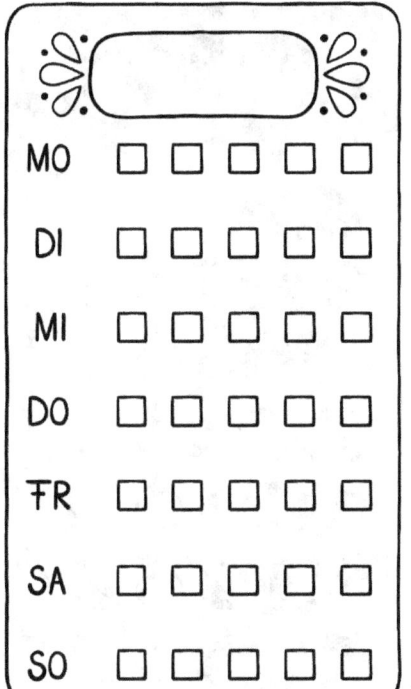
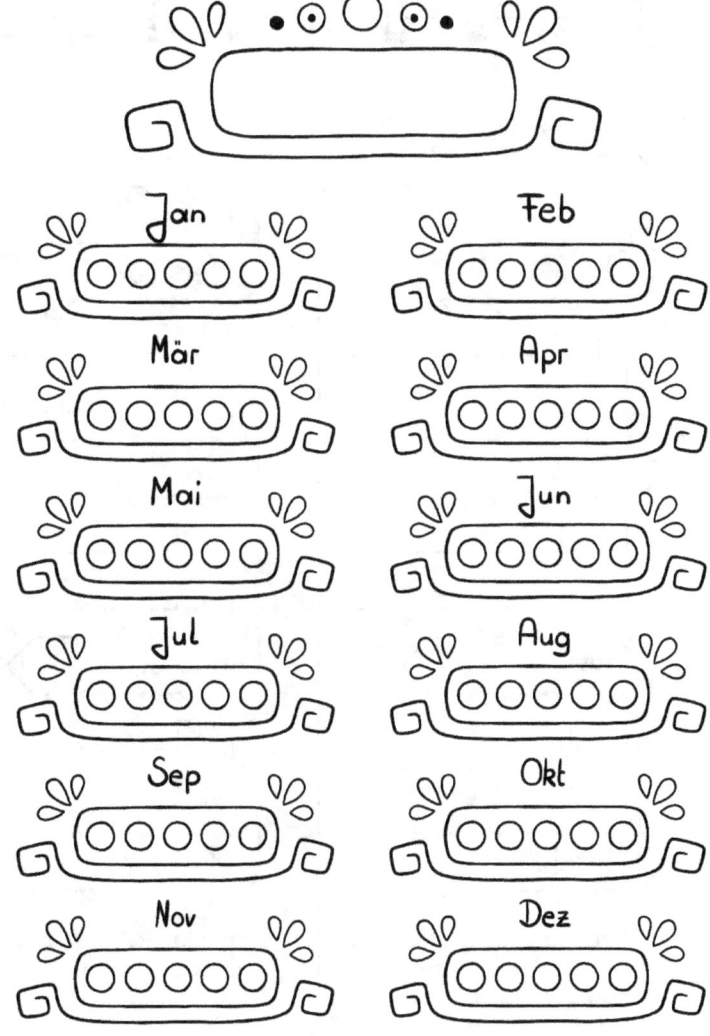

Vorlagen - Tracker

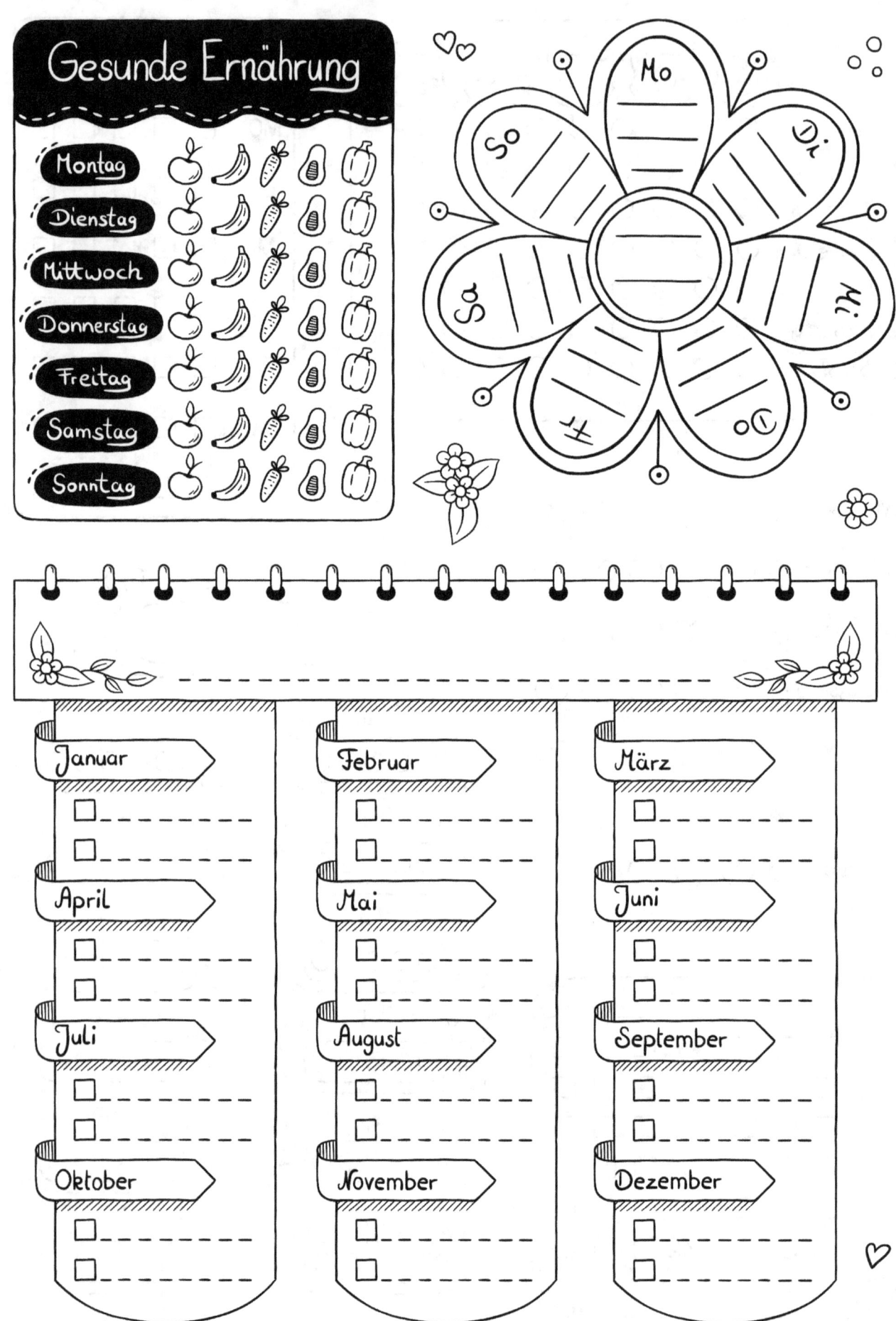

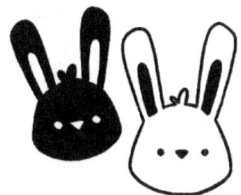

Habit Tracker

(Jan) (Feb) (Mär) (Apr)
(Mai) (Jun) (Jul) (Aug)
(Sep) (Okt) (Nov) (Dez)

1 2 3 4 5 6 7 8 9 10 11 12 13 14 15 16 17 18 19 20 21 22 23 24 25 26 27 28 29 30 31

Habit Tracker

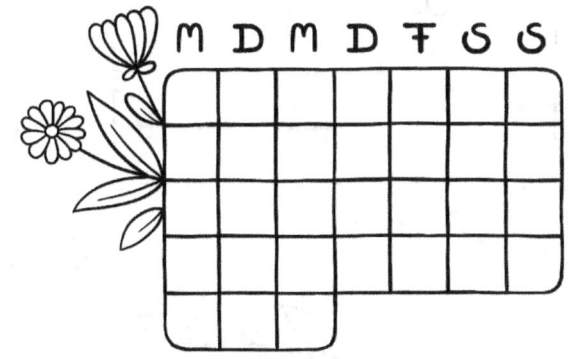

Notizen

Sport

1. _____
2. _____
3. _____
4. _____
5. _____
6. _____
7. _____

Stimmungs Barometer

Mo Di Mi Do Fr Sa So

Checklisten

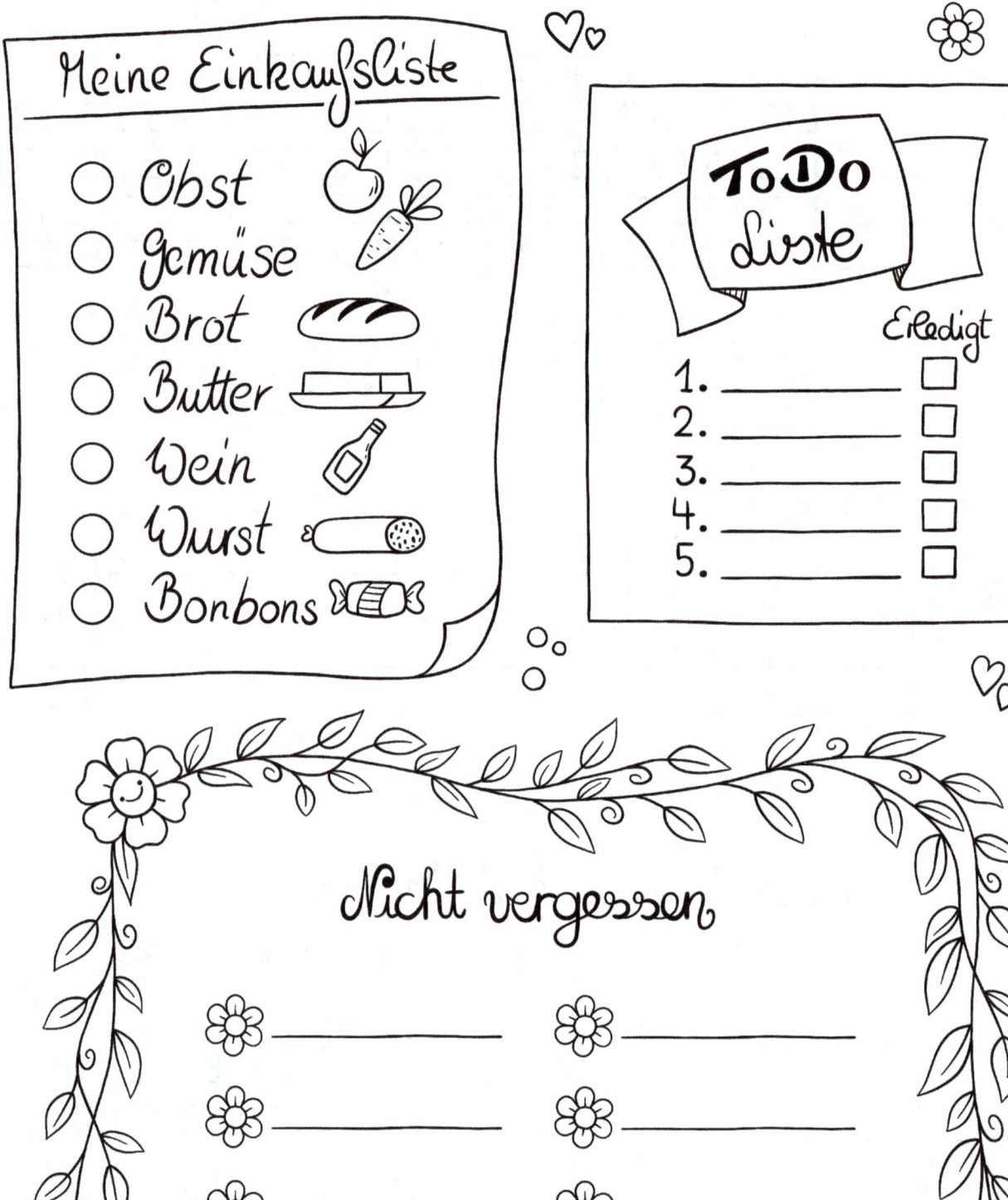

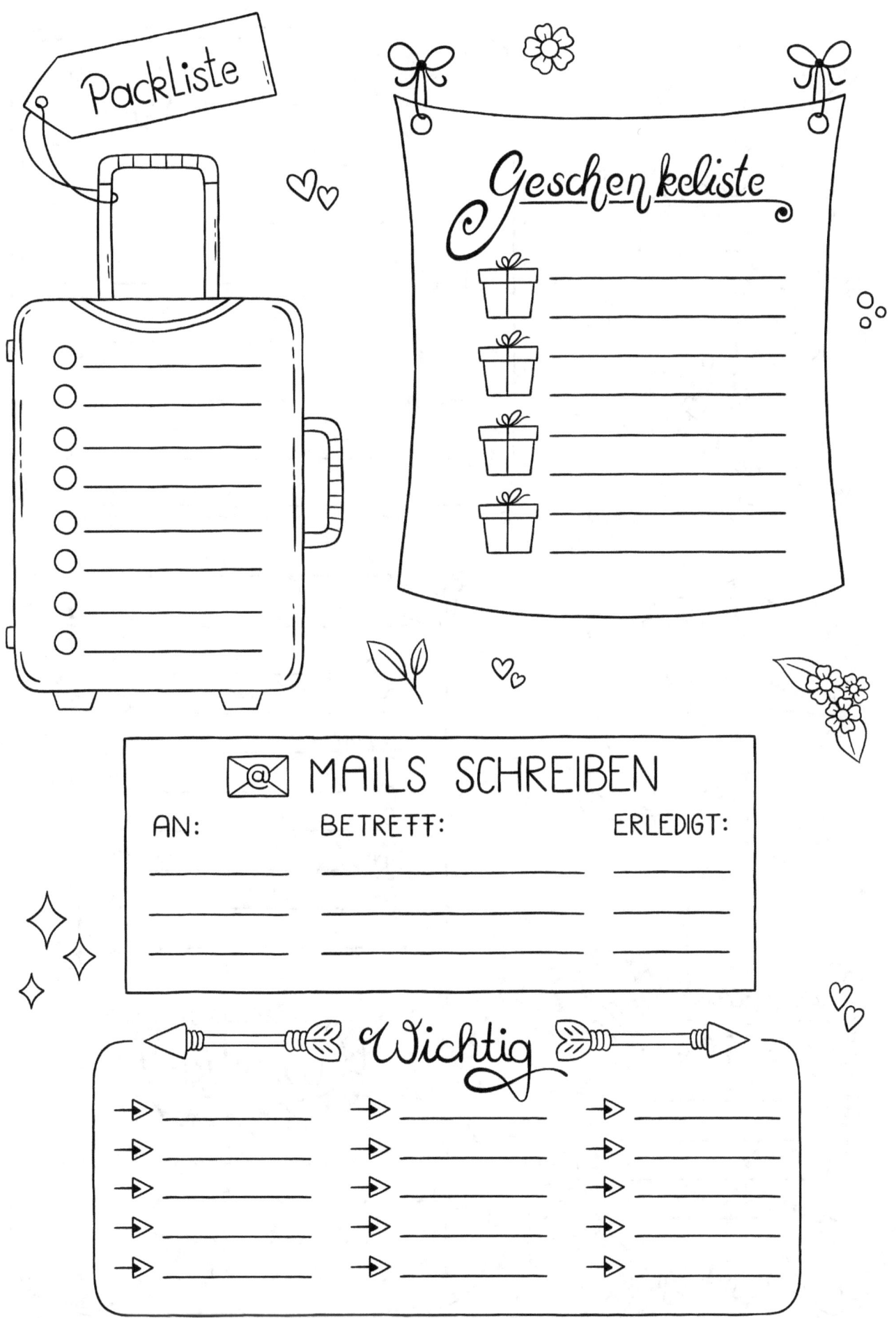

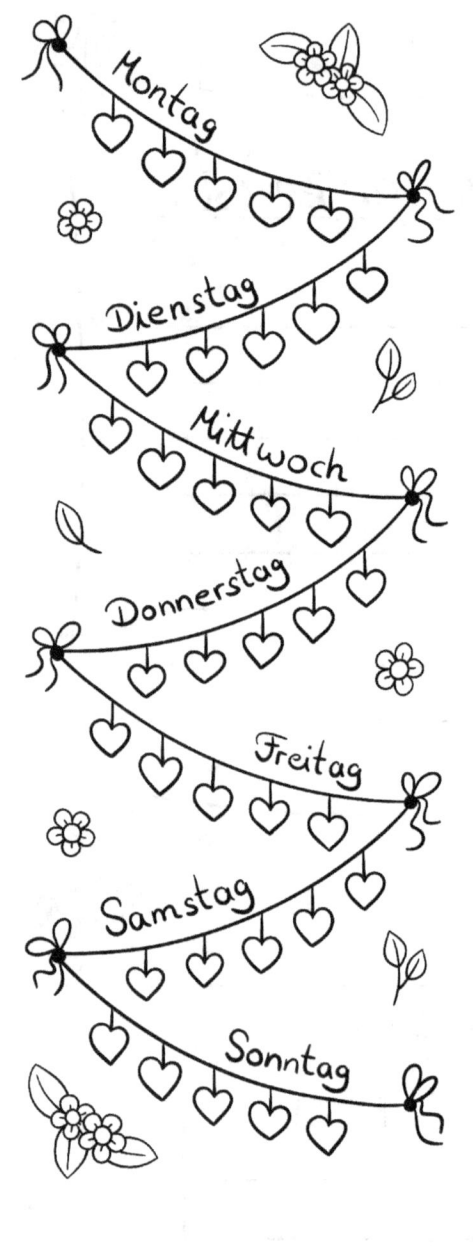
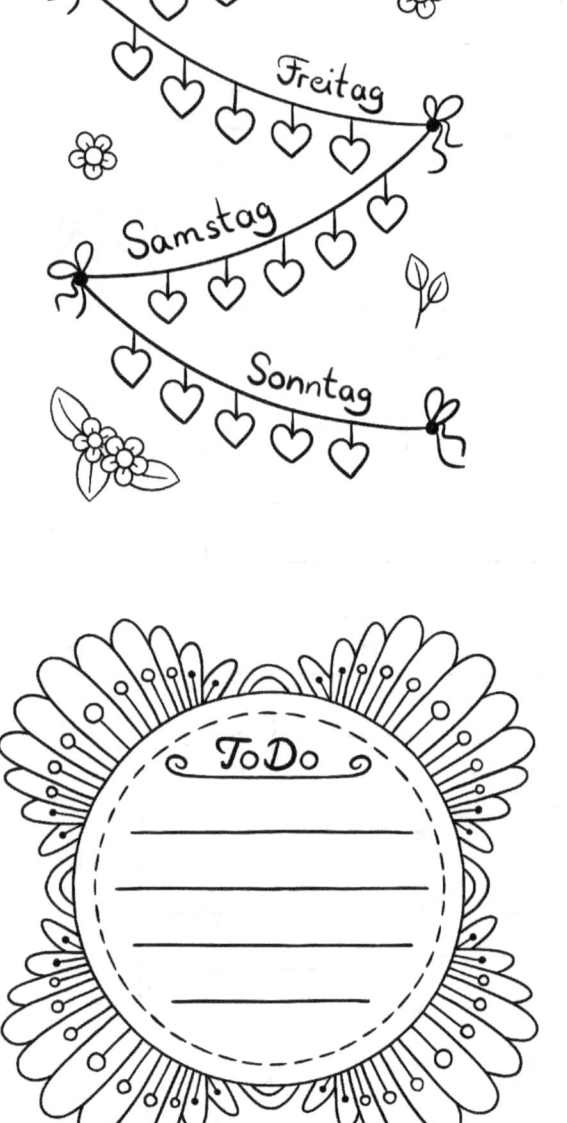

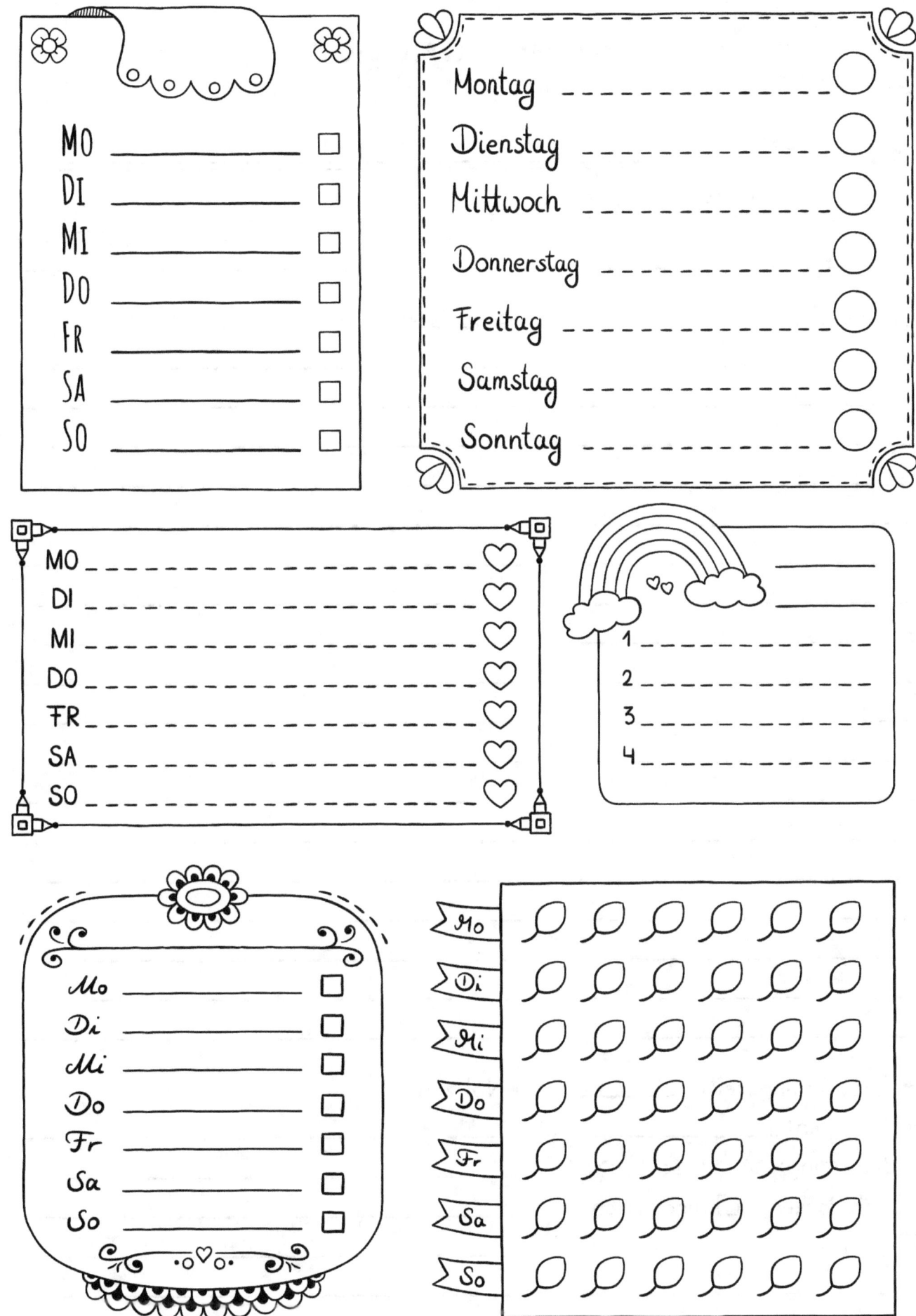

Rezeptvorlagen

MEIN fabelhaftes Rezeptbuch

Zutaten:

_____
_____
_____
_____
_____
_____
_____
_____
_____
_____
_____
_____
_____
_____
_____
_____

Zubereitung:

_____
_____
_____
_____
_____
_____
_____
_____
_____
_____
_____
_____
_____
_____
_____
_____

- Zubereitungszeit: _____
- Portionen: _____
- Bewertung: ☆ ☆ ☆ ☆ ☆
- ☐ sehr lecker   ☐ vegetarisch
- ☐ gesund   ☐ vegan
- ☐ _____   ☐ _____

- Notizen:

_____
_____
_____
_____
_____
_____
_____

leicht   mittel   schwer   Zubereitung: _____

♡   ♡   ♡

Portionen: _____

Dauer: _____

Zutaten: _____

ZUTATEN: ZUBEREITUNG: DAUER: _____
                                            PORTIONEN: _____
                                            BEWERTUNG:
                                            ○ ○ ○ ○ ○
                                            NOTIZEN:

Vorlagen - Rezeptvorlagen

Lesezeichen

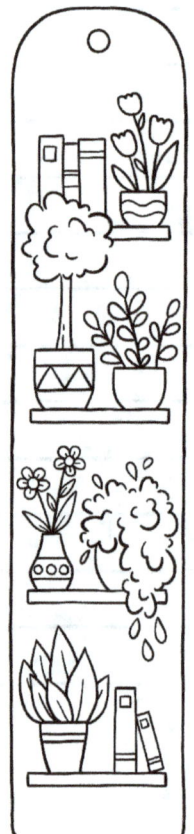 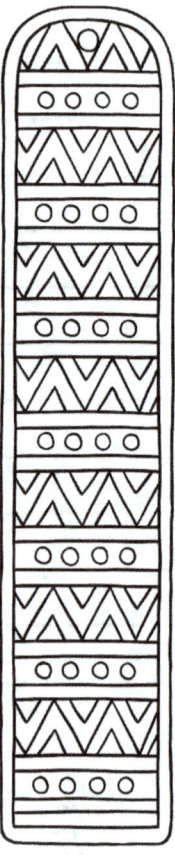 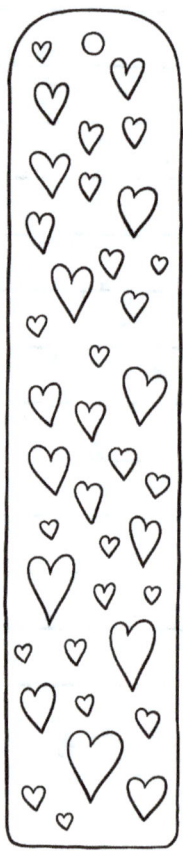 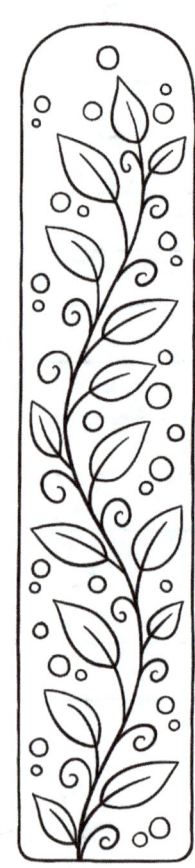 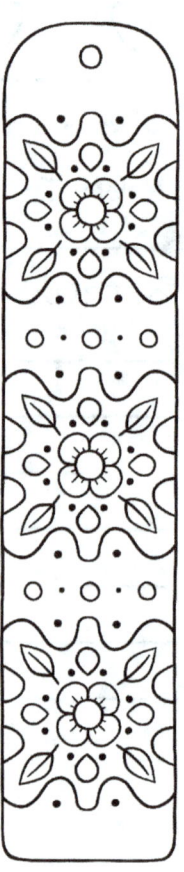

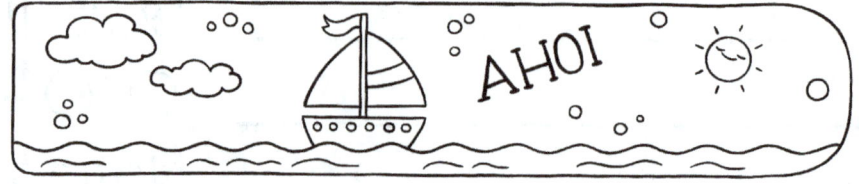

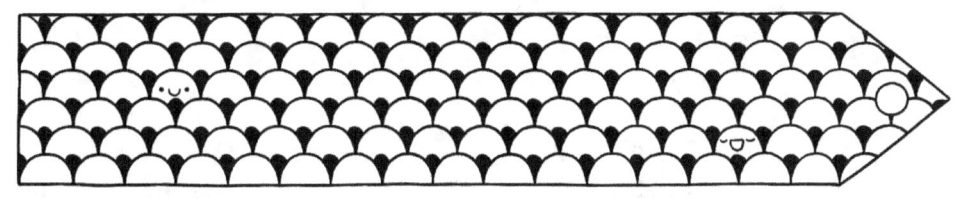

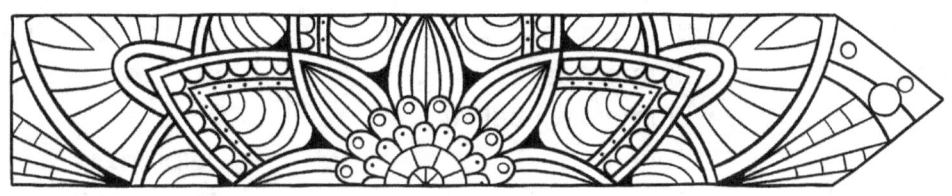NUR noch eine Seite

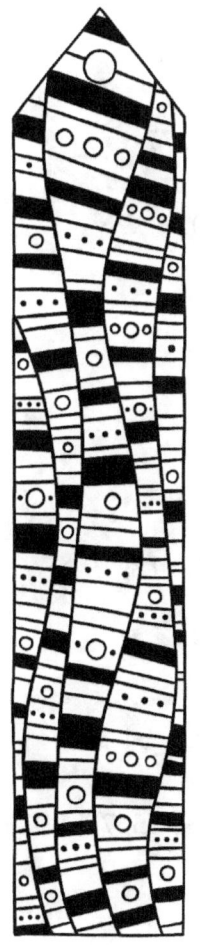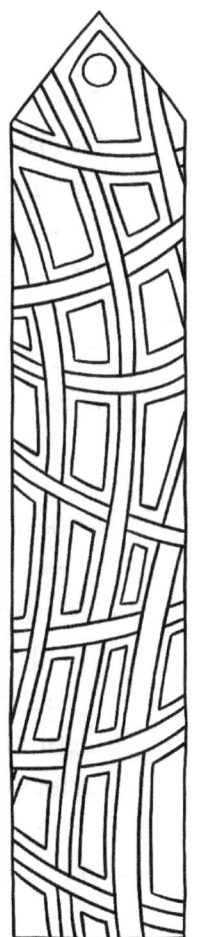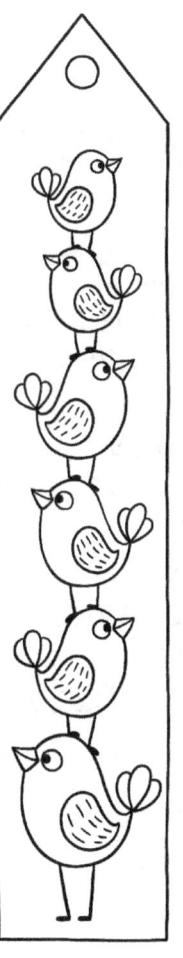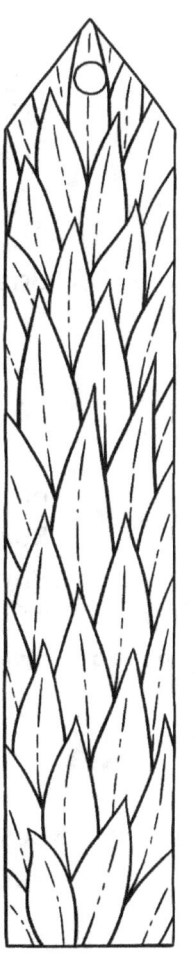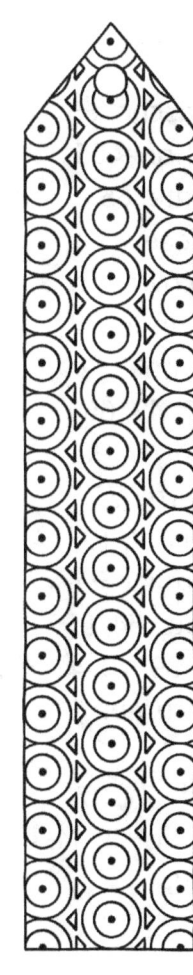

Vorlagen - Lesezeichen 101

Index

A
Abendessen 68
Abflussreiniger 72
Aktentasche 73
Ambulanz 77
Ananas 67
Angel 49
Anker 48
Aperitif 69
Apfel 51, 67, 92, 94
Äskulapstab 77
Ast 41, 43, 45, 54, 55
Aubergine 67, 92
Ausweis 75
Auto 62, 65, 75
Avocado 67

B
Babyflasche 65
Babyphone 65
Badeente 65
Badehose 47
Badeschwamm 72
Badewanne 72
Badminton 77
Ball 47, 49, 65
Banane 67, 92
Bankkarte 75
Banner 12, 13, 14, 15, 63
Bauchroller 77
Bauklotz 64, 65
Baum 39, 40, 41, 44, 51, 82, 89
Baumstumpf 51
Besen 72, 89
Besteck 71, 87
Biene 11, 43, 44, 45
Bier 69
Bierglas 69
Bierkrug 69
Bikini 47
Birne 67
Blatt 36, 37
Bleistift 73
Blitz 59
Blume 36, 37, 38, 39, 43, 44, 45, 48, 63
Blumentopf 39, 40, 100
Blumenvase 39
Blumenzwiebel 44
Bogen 62, 63
Bohrmaschine 73
Bonbon 53, 66, 94
Boot 46, 48, 49, 75, 82, 100
Boxsack 77
Braten 52
Bratwurst 68
Brautpaar 62
Bretzel 68
Brief 63
Briefmarke 73
Briefumschlag 73, 95
Brille 47, 73, 75
Broccoli 67
Brot 66, 68, 94
Brotmesser 71
Buch 53, 65
Bügelbrett 72
Bügeleisen 72, 89
Burger 68
Büroklammer 22, 73
Bürste 72
Bus 49
Busch 41
Butter 68, 94

C
Campingwagen 74
Checklisten 94, 95, 96, 97
Christbaum 54
Christbaumkugel 54, 56
Clementine 67
Computer 73
Computermaus 73
Countdown 57
Croissant 66, 68

D
Delphin 47
Dessert 69
Dinosaurier 65
Distelzweig 54, 55, 57
DNA 77
Dominostein 65
Donut 68
Doppelhelix 77
Dose 69
Drachen 50
Drink 47
Drucker 73
Dusche 72
Duschkopf 72

E
EC-Karte 75
Ecken 16, 17, 18, 19
Ehering 63
Ei 44, 45, 66, 68
Eichel 50
Eichhörnchen 51
Eidecske 49
Eimer 48, 49, 65, 72, 89
Einhorn 65

Eis am Stiel 47, 49
Eisbergsalat 67
Eiscreme 46, 48, 63, 69
Eistee 69
EKG 76, 77
Engel 56, 63
Ente 65
Erbsen 67
Erdbeere 67, 69
Erntedankfest 52
Erste Hilfe Koffer 77
Erster Platz 77
Espressomaschine 71
Essen & Trinken 66, 67, 68, 69
Eule 50
Expander 77

F
Fahne 14, 59, 90
Fahrkarte 75
Fahrplan 75
Fahrrad 77
Farbroller 73
Feder 10, 27, 29, 53
Federball 77
Federballschläger 77
Feier 57
Fernrohr 75
Feuer 49
Feuerwerk 57
Fieberthermometer 77
Fisch 8, 47, 68, 82, 86
Flamingo 48
Flasche 57, 63, 69, 75, 90, 94
Flaschenpost 75
Fledermaus 53
Fleischgabel 71
Fliegenpilz 51
Flipchart 73
Flip Flops 48
Flosse 48

Flugdrachen 50
Flügel 63
Flugzeug 49, 74
Foto 49, 63
Fotoapparat 48
Frosch 44
Frühling 42, 43, 44, 45
Frühstück 68
Fußabdruck 47
Fußball 65

G
Gabel 71, 87
Gebäude 63, 75
Geldbörse 75
Gemüse 67
Geschenk 56, 57, 82, 88, 95
Geschenkesack 56
Gespenst 53
Gesundheit 76, 77
Getränk 47, 69
Getränkedose 69
Gieskanne 43, 44
Gift 53
Giraffe 65
Girlande 63
Glas 57, 69, 71
Globus 73
Glocke 56
Glühbirne 72
Götterspeise 69
Grab 53
Grabstein 53
Grill 49
Gummiente 65
Gummistiefel 51
Gurke 67

H
Haarreif 45, 65
Haartrockner 70

Halloween 53
Hamburger 68
Hammer 73
Hand 53, 63, 77
Handrührgerät 70
Handsäge 73
Handschuh 55, 72
Handy 73, 75
Hängematte 75
Hantel 77
Hantelbank 77
Harcke 44
Hase 42, 44, 45, 65, 86, 93
Haus 63, 75
Haushalt 70, 71, 72, 73
Haushaltshandschuhe 72
Hecke 41
Heftgerät 73
Heimtrainer 77
Heißluftballon 74
Herbst 50, 51, 52, 53
Herz 62, 63, 77
Hexenhut 53
Hexenkessel 53
Hochzeitskleid 63
Hochzeitstorte 62
Hockeyschläger 55
Holzente 65
Holzpferd 65
Hose 72
Hot Dog 68
Hotel 75
Hotelschlüssel 75
Hubschrauber 65
Huhn 11, 45
Hühnchen 68
Hund 84
Hurrikan 59
Hut 43, 47, 52, 53

I
Igel 52
Imbisswagen 75
Isomatte 75

J
Jacke 55

K
Käfer 42, 44, 49, 83
Kaffee 68
Kaffeekanne 68, 71
Kaffeemühle 71
Kaffeetasse 71
Kakao 52
Kaktus 40
Kalender 73
Kamera 48
Kamin 56
Kamm 72
Kaninchen 42, 44, 45, 65, 86, 93
Kanne 51, 71
Kappe 47
Kapstachelbeere 67
Karambolde 67
Karotte 67, 92, 94
Kartoffel 67
Kartoffelschäler 71
Kartoffelstampfer 71
Käse 68
Katze 43, 53, 80, 81
Kehrschaufel 72
Keks 69
Kelle 44
Kerze 51, 53, 56, 69
Kinderwagen 65
Kirche 63
Kirsche 66, 67, 69
Kiwi 67
Klavier 100
Klebeband 73

Klee 38
Kleid 63
Kleiderbügel 72
Kleiderbürste 72
Klemmbrett 73
Kneifzange 73
Knoblauch 67
Knochen 53
Kochlöffel 71
Kochtopf 71, 88, 98
Koffer 46, 74, 75, 77, 95
Kohlrabi 67
Kokosnuss 48
Kombizange 73
Komet 57
Kompass 49
Kopfhörer 73
Kopfsalat 67
Korb 44, 45, 51
Korkenzieher 71
Kränze 24, 25, 26, 27
Kreisel 65
Kreuzfahrtschiff 75
Krone 65
Krug 69
Kuchen 52, 62, 69
Kuchenhaube 71
Küchenrolle 71
Küchenwaage 71
Kücken 45
Kugelschreiber 73
Kürbis 50, 52, 53, 67, 82
Kuttermesser 73

L
Lagerfeuer 49
Lampe 49, 51, 56, 72, 73
Landkarte 49
Laptop 73
Laterne 49, 51, 56
Lätzchen 65

Lauch 67
Lebkuchenmann 56
Lesezeichen 100, 101
Leuchtturm 75
Libelle 49
Liebe 62, 63
Liebesbrief 63
Liege 49
Limette 69
Limonade 69
Linien 8, 9, 10, 11
Locher 73
Löffel 71
Lokomotive 65
Lolli 69
Longdrink 69
Luftballon 43, 63, 88
Luftschlange 57, 88
Lunge 77
Lutscher 69

M
Magen 77
Maiglöckchen 43
Mais 51
Maki-Sushi 69
Mantel 55
Margarite 38
Marienkäfer 42, 44, 49, 83
Marmelade 51, 68
Maske 57
Medikament 76, 77
Medizin 76, 77
Meer 100
Melone 47, 67
Messbecher 71
Messchieber 73
Messer 71, 87
Metro 75
Mikroskop 76
Mikrowelle 71

Milch 69, 71
Milchkanne 71
Milchshake 69
Mittagessen 68
Mixer 71
Mobile 65
Möhre 67, 92, 94
Monate 80, 81, 82, 83
Mond 53, 58, 59, 65
Mondphasen 59
Motte 53
Möwe 48
Muffin 66, 69
Mülleimer 72
Muschel 47, 48
Musiknote 45, 100
Müsli 68
Muster 32, 33
Mutter 73
Mütze 51, 55

N
Nagel 73
Nähmaschine 72
Neujahr 57
Nigiri-Sushi 69
Nikolausmütze 56
Note 45, 100
Notizbuch 22, 73
Notizzettel 22
Notizblock 73
Nudel 68
Nudelzange 71
Nussknacker 55

O
Obst 67, 92, 94
Ohrenwärmer 55
Olive 67
Orange 48, 52, 67
Ordner 73

Osterei 44, 45
Osterhase 42, 44, 45

P
Palette 65
Palme 41, 48, 75
Papier 65
Papierflieger 73, 74, 75
Papierschiff 65
Paprika 67, 92
Party 57
Partyhut 57
Pass 75
Pefferstreuer 71
Peperoni 67
Personalausweis 75
Pfanne 68, 71
Pfannenwender 71
Pfeffermühle 71
Pfeife 77
Pfeile 28, 29, 95
Pfifferling 67
Pfirsisch 67
Pflanzen 36, 37, 38, 39, 40, 41
Pflanzenkübel 39
Pflanzkelle 44
Pflaster 76, 77
Pflaume 67
Pfotenabdruck 18
Physalis 67
Pilz 11, 50, 51, 52, 53, 67, 82
Pinnadel 73
Pinsel 65, 73
Pipette 77
Pizza 68
Planer 86, 87, 88, 89
Pokal 77
Pommes frites 66, 68
Pool 75
Portemonnaie 75
Pralinenschachtel 63

Puck 55
Pudding 69
Pullover 55
Punchingsack 77
Puppe 65
Putzeimer 72, 89
Putzhandschuhe 72
Putzmittel 72, 89
Puzzle 64

R
Radio 72
Rahmen 20, 21, 22, 23
Rakete 57, 65
Rasiermesser 72
Rasierpinsel 72
Rassel 65
Reagenzglas 77
Rechenschieber 65
Regen 59
Regenbogen 59, 82, 97
Regenschirm 51
Reinigungsmittel 72
Reiseführer 75
Reiseroute 75
Rentier 57
Rettungswagen 77
Rettungsweste 75
Rezeptvorlagen 98, 99
Ring 63
Roboter 65
Rollkoffer 74, 75
Rollschuh 49
Romanesco 67
Rote Bete 67
Route 75
Rübe 67
Rückentrainer 77
Rucksack 75

S

Säge 73
Salamie 68
Salat 67
Salatgurke 67
Salzstreuer 71
Samen 51
Sand 48
Sandburg 48
Sanduhr 73
Sandwich 68
Sarg 53
Saugglocke 72
Schaf 44
Schal 55, 57
Schaufel 44, 48, 49, 65
Schaukelpferd 55
Scheckkarte 75
Schere 72
Schiff 46, 48, 75, 82, 100
Schild 49
Schinken 68
Schirm 46, 51
Schlauchboot 75
Schleife 18, 54, 56
Schlitten 55
Schlittschuh 55
Schlüssel 53, 63, 72, 75
Schmetterling 11, 42, 43, 44, 45, 53, 84
Schnecke 43
Schneebesen 71
Schneeflocke 54, 55, 56, 57, 59
Schneekugel 55
Schneemann 54, 55
Schnorchel 47
Schnuller 64
Schöpflöffel 71
Schraube 73
Schraubendreher 73
Schraubenschlüssel 73
Schraubenzieher 73

Schriftrolle 14
Schuh 51
Schürze 71
Schwamm 72
Schwert 53
Schwimmbecken 75
Schwimmreifen 47
Seestern 47
Segelschiff 46, 49
Sehtest 77
Seifenspender 70
Sektflasche 57, 69
Sektglas 57
Selfiestick 75
Sellerie 67
Sense 53
Ski 55
Skistock 55
Smartphone 73, 75
Snowboard 55
Socke 55, 56
Softeis 69
Sommer 46, 47, 48, 49
Sonne 48, 58, 59, 65, 100
Sonnenblume 38, 52
Sonnenbrille 47, 75
Sonnencreme 47
Sonnenschirm 46
Sonnenuntergang 59
Spachtel 73
Spaghetti 68
Spargel 67
Spiegel 72
Spiegelei 68
Spielzeug 64, 65
Spinne 53
Spinnennetz 18, 53
Spitzer 73
Sport 55, 77
Sprechblasen 30, 31, 57, 63
Sprialblock 22

Springseil 77
Spritze 77
Sprühflasche 72
Squashschläger 49, 77
Stabmixer 71
Standmixer 71
Staubsauger 70, 89
Steckrübe 67
Stempel 73
Stern 14, 33, 53, 56, 57, 58, 59, 65
Sternfrucht 67
Stethoskop 76
Steuerrad 48
Stiefel 51
Stift 65, 73
Stofftier 64, 65
Stoppuhr 77
Straße 75
Strauch 41
Streetfood 75
Strichmännchen 90
Strohhalm 69
Suppenkelle 71
Surfbrett 47
Sushi 69
Sylvester 57

T

Tablette 76, 77
Tacker 73
Tannenzapfen 51, 56
Tasche 48
Taschenlampe 72
Taschenrechner 73
Tasse 39, 51, 68, 71
Taube 63
Taucherbrille 47
Teddybär 55, 64
Tee 51, 68
Teebeutel 51

Teeei 71
Teekanne 51
Teetasse 51
Telefon 73
Tennisschläger 49
Teppichschneider 73
Textmarker 73
Thanksgiving 52
Thermometer 55, 59
Ticket 75
Tischabroller 73
Tischlampe 73
Tischtennisschläger 77
Toastbrot 68
Toaster 70
Toilette 72
Toilettenbürste 72
Toilettenpapier 72
Tomate 67
Topf 71, 88, 98
Topflappen 71, 98
Topfpflanze 39, 43, 44
Tornado 59
Torte 62, 69
Totenkopf 53
Tracker 90, 91, 92, 93
Traktor 65
Trauben 67
Trillerpfeife 77
Trinkwasser 69
Trolley 74, 75
Trommel 65
Trommelschläger 65
Truthahn 52
T-Shirt 72

U
U-Boot 75
Uhr 57, 72, 77
Unterhose 72
Urlaub 74, 75

USB-Stick 73

V
Vase 39, 71
Ventilator 72
Verband 77
Verlobungsring 63
Vitamin C 77
Vogel 11, 42, 43, 44, 45, 48, 50, 62, 63, 80, 81, 82, 86, 101
Vogelhaus 43, 44
Vogelkäfig 63
Vogelnest 44
Vogelscheuche 52
Vorratsdose 71

W
Waage 72
Wackelpudding 69
Waffel 68
Wärmflasche 76
Waschbecken 72
Wäschekorb 72
Wäscheleine 72
Wäschezeichen 72
Waschmaschine 72
Wasserflasche 69
Wasserkocher 71
Wasserwaage 73
Wecker 72
Weihnachten 56, 57
Weihnachtsbaum 54, 56
Weihnachtsmann 56, 57
Weinglas 71
Welle 59, 82, 100
Wetter 58, 59
Wetterfahne 59
Wetterhahn 59
Wind 58, 59
Windhose 59
Windrad 64

Windsack 59
Winter 54, 55, 56, 57
Wintersport 55
Wirbelsturm 59
Wischlappen 72, 89
Wochentage 84, 85
Wohnwagen 74
Wolke 58, 59, 65, 100
Wrap 68
Wunderkerze 57
Würfel 64
Wurst 49, 68, 94
Würstchenbude 75

Z
Zahn 77
Zahnbürste 72
Zahncreme 72
Zauberbuch 53
Zelt 49, 74
Zirkel 73
Zitrone 66, 67
Zucchini 67
Zuckerstange 56
Zug 65, 75
Zwiebel 67

Copyright © 2023 Gabi Wolf, Berlin
Theodor-Brugsch-Str. 2, 13125 Berlin, Germany

All rights reserved